Lara Kube

Flexible Arbeitsgestaltung und Job-Autonomie

Welche Anforderungen haben Arbeitnehmer an einen modernen Arbeitgeber?

Bibliografische Information der Deutschen Nationalbibliothek:

Die Deutsche Nationalbibliothek verzeichnet diese Publikation in der Deutschen Nationalbibliografie; detaillierte bibliografische Daten sind im Internet über http://dnb.d-nb.de abrufbar.

Impressum:

Copyright © EconoBooks 2020

Ein Imprint der GRIN Publishing GmbH, München

Druck und Bindung: Books on Demand GmbH, Norderstedt, Germany

Covergestaltung: GRIN Publishing GmbH

Inhaltsverzeichnis

Abkürzungsverzeichnis

a	Cronbachs Alpha
Abb.	Abbildung
ANOVA	Analysis of Variances
ArbZG	Arbeitszeitgesetz
Aufl.	Auflage
BAuA	Bundesanstalt für Arbeitsschutz und Arbeitsmedizin
bspw.	beispielsweise
d.h.	das heißt
i.d.R.	in der Regel
M	Mittelwert
N	Stichprobengröße
p	Wahrscheinlichkeit
R	Korrelationskoeffizient
SD	Standardabweichung
SPSS	Statistical Packages for the Social Sciences
Tab.	Tabelle
TzBfG	Teilzeit- und Befristungsgesetz
u. a.	und andere
vgl.	vergleiche
z. B.	zum Beispiel

Abbildungsverzeichnis

Tabellenverzeichnis

1 Einleitung

Mit den Veränderungen der gesellschaftlichen Werte sind die Lebensvorstellungen individueller und vor allem vielfältiger geworden. Damit einher gehen auch Veränderungen in den Ansprüchen und Erwartungen an das Arbeitsleben (vgl. Bundesministerium für Arbeit und Soziales 2017, S. 75). So ist es Arbeitnehmern zunehmend wichtiger geworden, Arbeit, Freizeit und Familienleben in Einklang zu bringen (vgl. Kattenbach/Demerouti/Nachreiner 2010, S. 280). Auf diese veränderten Werte reagieren die Unternehmen mit verschiedenen Maßnahmen. Flexible Gestaltungsmöglichkeiten in Bezug auf Arbeitszeit und -ort werden durch Unternehmen eingesetzt, um den Einklang zwischen Berufs- und Privatleben zu fördern (vgl. Schlechter/Thompson/Bussin 2015, S. 275). Eine höhere Motivation und Bindung an das Unternehmen sowie eine höhere Arbeitgeberattraktivität sind weitere Auswirkungen (vgl. Rump/Wilms/Eilers 2014, S. 44; Gärtner/Garten/Huesemann 2016, S. 225). In diesem Zuge beabsichtigen Unternehmen, die Job-Autonomie und Selbstkontrolle der Mitarbeiter und die damit verbundene Entscheidungsfreiheit, wann, wo und wie viel sie arbeiten, zu erhöhen (vgl. Hill u. a. 2008, S. 151). Job-Autonomie wird dabei definiert als der Grad, in dem der Job dem Mitarbeiter wesentliche Freiheit, Unabhängigkeit und Diskretion bei der Planung der Arbeit und bei der Festlegung der Verfahren für die Durchführung der Tätigkeit bietet (vgl. Hackman/Oldham 1975, S. 162).

Es gibt bereits einige Studien, die sich mit dem Zusammenhang von örtlicher und zeitlicher Flexibilität und wahrgenommener Job-Autonomie befasst haben. Laut Gajendran und Harrison (2015) empfinden Mitarbeiter, die Telearbeit nutzen, ein höheres Maß an wahrgenommener Job-Autonomie als Mitarbeiter, die Telearbeit nicht nutzen (vgl. Gajendran/Harrison/Delaney-Klinger 2015, S. 374). Gleitzeit erhöht ebenso die wahrgenommene Job-Autonomie der Mitarbeiter, da sie selbst über ihre Anfangs- und Endarbeitszeit entscheiden können (vgl. Onken-Menke/Nüesch/Kröll 2018, S. 243). Einige Studien haben sich auch mit den Auswirkungen von wahrgenommener Job-Autonomie beschäftigt und fanden heraus, dass diese positiv mit Produktivität, Arbeitsqualität und Mitarbeiterzufriedenheit zusammenhängt (vgl. z. B. Barney/Elias 2010, S. 488).

Obwohl die Forschung zu flexiblen Arbeitszeitmodellen und deren Auswirkungen bereits breit dokumentiert ist, finden sich bislang keine Arbeiten, die sich mit dem Grad der wahrgenommenen Job-Autonomie bei gleichzeitiger Verwendung von zeitlicher und örtlicher Flexibilität auseinandersetzen. Dies ist zu erforschen, da Unternehmen oft örtliche und zeitliche Flexibilitätsmodelle gleichzeitig anbieten (vgl. Thompson/Payne/Taylor 2015, S. 730). Eine Untersuchung des Instituts der deutschen Wirtschaft, über die Verbreitung flexibler Arbeitszeiten in Unternehmen in Deutschland zeigte, dass bis 2009 bereits 79,2% der Unternehmen flexible Arbeitszeitformen eingeführt hatten. Im Jahr 2015 waren es bereits 89,3% der Unternehmen, die mindestens eine Form der flexiblen Arbeitszeitgestaltung angeboten haben (vgl. Hammermann/Stettes 2016, S. 19). Laut einer Studie von WorldatWork (2015), liegt die durchschnittliche Anzahl der Flexibilitätsmodelle, die von Unternehmen angeboten werden, bei 6,1 Modellen, ohne Berücksichtigung von Kombinationsmöglichkeiten der Modelle. Dabei ist Telearbeit mit 88% die weitverbreitetste Form, gefolgt von Gleit- und Teilzeit mit 82% (vgl. WorldatWork 2015, S. 6).

Somit wird den Mitarbeitern, mit der Zunahme und Vielfalt des Angebots an Formen flexibler Arbeitsgestaltung ermöglicht, mehrere Formen flexibler Arbeitsmodelle zu kombinieren. Dadurch ergeben sich differenziertere Erkenntnisse hinsichtlich verschiedener Kombinationsmöglichkeiten zeitlicher und örtlicher Arbeitsflexibilität und deren Einfluss auf die wahrgenommene Job-Autonomie.

Vor diesem Hintergrund besteht das Ziel der Arbeit darin, den Zusammenhang zwischen örtlicher und zeitlicher Arbeitsflexibilisierung und wahrgenommener Job-Autonomie zu analysieren.

Die Arbeit beginnt zunächst mit einer Ausarbeitung begrifflicher und konzeptioneller Grundlagen flexibler Arbeitszeitmodelle und wahrgenommener Job-Autonomie. Auf Basis dessen werden im Anschluss Hypothesen formuliert, um sie anschließend empirisch zu untersuchen. Nach einer kritischen Diskussion der Ergebnisse, wird die Arbeit durch ein Fazit abgeschlossen.

2 Begriffliche und Konzeptionelle Grundlagen

2.1 Flexible Arbeitsgestaltung

Traditionelle Arbeitszeiten befinden sich im Wandel, denn sie sind in der heutigen dynamischen Zeit nicht mehr marktgerecht und arbeitnehmerorientiert. Stattdessen entsteht ein neues Zeitverständnis, in dem die Arbeitszeit kürzer, heterogener und flexibler wird (vgl. Absenger u. a. 2014, S. 1)

Arbeitszeit umfasst dabei die Zeit von Beginn bis zum Ende der Arbeit ohne Berücksichtigung von Ruhepausen (vgl. § 2 ArbZG). In der Regel wird von einer Normalarbeitszeit gesprochen, wenn der Arbeitstag sieben bis acht Stunden täglich umfasst, bei einer 35- bis 40-Stunden-Woche, und zwar regelmäßig von Montag bis Freitag innerhalb eines Zeitraums von 07:00 Uhr bis 18:00 Uhr gleichbleibend erbracht wird (vgl. Bornewasser/Zülich 2013, S. 22). Eine moderne Personalpolitik verfügt heutzutage, als Ergänzung zur Normalarbeitszeit, über eine Vielzahl von flexiblen Arbeitsmodellen, die sowohl Vorteile für die individuellen Interessen der Mitarbeiter als auch für die betrieblichen Erfordernisse bieten (vgl. Absenger u. a. 2014, S. 1). Definiert sind flexible Arbeitsmodelle als vom Arbeitgeber bereitgestellte Leistungen, die den Mitarbeitern eines Unternehmens eine gewisse Kontrolle darüber geben, wann und wo sie außerhalb des normalen Arbeitstages arbeiten (vgl. Hill u. a. 2001, S. 49). Flexible Arbeitszeiten dienen insbesondere der Work-LifeBalance und der Arbeitszeitindividualisierung der Mitarbeiter (vgl. Winiger 2011, S. 2). Unternehmen setzen diese ebenfalls ein, um auf die individuellen Bedürfnisse der Mitarbeiter einzugehen und sich somit als attraktiven Arbeitgeber zu positionieren (vgl. Altmann/Süß 2015, S. 282). Die flexiblen Möglichkeiten spielen eine bedeutende Rolle bei den gegenwärtigen Veränderungsprozessen in der heutigen Arbeitswelt (vgl. Gärtner/Klein/Lutz 2008, S. 19). Mit der Flexibilisierung der Arbeitszeit gehen Vor- und Nachteile einher, wobei die Vorteile sowohl auf Unternehmer- als auch auf Arbeitnehmerperspektive überwiegen. Für den Arbeitgeber bieten flexible Arbeitsmodelle ein besseres Arbeitsklima und fördern die Attraktivität auf dem Arbeitsmarkt sowie den Rückgang von Fluktuation. Arbeitnehmer erhalten mit flexiblen Arbeitsmodellen die Möglichkeit zur besseren Abstimmung von Berufs- und Privatleben (vgl. Linder-Lohmann/Lohmann/Schirmer 2016, S. 92-93).

Flexible Arbeitsbedingungen können sich hinsichtlich der zeitlichen und örtlichen Flexibilität des Mitarbeiters bei der Ausführung seiner Arbeit unterscheiden (vgl. Shockley/Allen 2007, S. 480).

Die Flexibilisierung der Arbeitszeit bietet den Mitarbeitern die Möglichkeit, die Anfangs- und Endarbeitszeit um die Kernarbeitszeit zu variieren und dabei die gleichen Tages- oder Wochenstunden wie reguläre Vollzeitmitarbeiter zu errichten (vgl. Baltes u. a. 1999, S. 497). Die Formen der zeitlichen Arbeitsflexibilisierung lassen sich danach charakterisieren, welche der zentralen Dimensionen flexibilisiert werden (vgl. Gärtner/Garten/Huesmann 2016, S. 222).

Die *chronometrische* Flexibilisierung beschreibt die Dauer bzw. das Volumen der Arbeitszeit. Teilzeitarbeit und Jobsharing stellen flexible Arbeitsmodelle für die chronometrische Flexibilisierung dar (vgl. Oechsler/Paul 2019, S. 257). Beim klassischen Teilzeitmodell wird die tägliche Arbeitszeit stundenweise verkürzt (vgl. Lindner-Lohmann/Lohmann/Schirmer 2016, S. 94). § 2 TzBfG definiert: „Teilzeitbeschäftigt ist ein Arbeitnehmer, dessen regelmäßige Wochenarbeitszeit kürzer ist als die eines vergleichbaren vollzeitbeschäftigten Arbeitsnehmers." Eine besondere Form des Teilzeitarbeitsverhältnisses ist das Jobsharing (Arbeitsplatzteilung), bei dem sich zwei oder mehr Angestellte einen Arbeitsplatz und die Arbeitszeit teilen (vgl. Gärtner/Garten/Huesmann 2016, S. 222). Dabei handelt es sich meistens um die Aufteilung der Arbeit auf die Teilzeitkräfte, mit identischen Aufgabenprofilen (vgl. Lindner-Lohmann/Lohmann/Schirmer 2016, S. 94). Jobsharing ermöglicht Teilzeitbeschäftigten anspruchsvolle Vollzeitprojekte anteilig zu übernehmen und bindet qualifizierte Fachkräfte an das Unternehmen. Eine Voraussetzung für das Jobsharing sind Arbeitszeitkonten (vgl. BAuA 2017, S. 28).

Die *chronologische* Dimension der zeitlichen Flexibilität beschreibt deren Lage und Verteilung (vgl. Gärtner/Garten/Huesmann 2016, S. 222). Arbeitszeitkonten und Sabbaticals werden dieser Dimension zugeordnet. Arbeitszeitkonten werden von den Arbeitgebern zur Erfassung und Steuerung der tatsächlich erbrachten Arbeitszeit eingesetzt (vgl. Zapf/Brehmer 2010, S. 2). Es lassen sich drei Typen von Arbeitszeitkonten unterscheiden. Kurzzeitkonten (auch Gleitzeitkonten) dienen dem flexiblen Auf- und Abbau von Arbeitszeit in Form von Freizeit. Langzeitkonten werden „in Zeit" oder „in Geld" geführt und haben einen langfristigen Ausgleichzeitraum, bspw. für Sabbaticals. Lebensarbeitszeitkonten dienen der Ansparung eines Zeitguthabens bspw. zum frühen Eintritt in den Ruhestand (vgl. Oechsler/Paul 2019, S. 260). Als Sabbatical wird eine freiwillige, temporäre Arbeitsfreistellung im Rahmen des bestehenden Beschäftigungsverhältnisses verstanden. Diese Auszeit kann von wenigen Wochen bis zu mehreren Monaten dauern. Gründe für diese Auszeit können bspw. der Wunsch nach Zeit für die Familie oder das Bedürfnis nach

Weiterbildung sein. Mitarbeitern obliegt grundsätzlich selbst, wie sie die freie Zeit nutzen (vgl. Wotschack/Samtleben/Allmendinger 2017, S. 1).

In den sogenannten *Mischformen* werden die Veränderungen von Dauer und Lage der Arbeitszeit zusammengefasst, bspw. in Gleitzeitmodellen und der Vertrauensarbeitszeit (vgl. Oechsler/Paul 2019, S. 257). Bei der Gleitzeitarbeit handelt es sich um eine frei geregelte Arbeitszeit, die i.d.R. eine betrieblich vorgegebene Rahmen- und Kernarbeitszeit umfasst (vgl. Gärtner/Garten/Huesmann 2016, S. 222). Gleitzeit zeichnet sich dadurch aus, dass Über- und Unterschreitungen der normalen Arbeitszeit nicht vom Arbeitgeber ausgehen, sondern vom Arbeitnehmer innerhalb eines bestimmten Rahmens selbst gewählt werden (vgl. § 4b Abs 1 ArbZG). Dabei unterscheidet man zwischen Gleitzeit mit fester Kernarbeitszeit, in denen der Arbeitnehmer anwesend sein muss und Gleitzeit ohne Kernarbeitszeit, in der lediglich der grobe Rahmen vorgegeben wird, in denen die tägliche Arbeitszeit geleistet werden muss (vgl. Oechsler/Paul 2019, S. 259). Gleitzeitmodelle lassen sich problemlos in Unternehmen einführen und haben kaum Nachteile, weswegen sie weit verbreitet sind (vgl. BAuA 2017, S. 34). Vertrauensarbeitszeit kann als Weiterentwicklung der Gleitzeit bezeichnet werden und wird in diesem Zusammenhang auch als Vertrauensgleitzeit erwähnt (vgl. Necati 2005, S. 333). Der Arbeitnehmer verzichtet auf die Erfassung und Kontrolle der Arbeits- und Anwesenheitszeiten und vertraut seinen Mitarbeitern somit, den vertraglichen Verpflichtungen auch ohne Kontrolle nachzukommen (vgl. Oechsler/Paul 2019, S. 264). Bei der Vertrauensarbeitszeit wird eine Vertrauenskultur vorausgesetzt, die sowohl die Zuverlässigkeit der Beschäftigten als auch die Führungsqualitäten der Vorgesetzten umfasst (vgl. BAuA 2017, S. 40).

Folgende Abbildung dient als Veranschaulichung und stellt einen Überblick über die Verteilung der Flexibilisierungsmodelle dar.

Arbeitsflexibilisierung

Zeitliche Flexibilität	**Örtliche Flexibilität**
Chronometrisch: Teilzeit Jobsharing *Chronologisch:* Arbeitszeitkonten Sabbatical *Mischformen:* Gleitzeit Vertrauensarbeitszeit	Teleheimarbeit Alternierende Telearbeit Mobiles Arbeiten Desk Sharing

Abbildung 1: Übersicht der Arbeitsflexibilisierung
(eigene Darstellung)

Eine weitere wichtige Form der Arbeitsflexibilisierung ist die Flexibilisierung des Arbeitsortes. Damit wird das Außmaß beschrieben, in dem Mitarbeiter die physischen Grenzen der Arbeit verändern können (vgl. Thompson/Payne/Taylor 2015, S. 730). Der Arbeitsort ist der Ort, an dem der Arbeitnehmer vertragsgemäß die Arbeitsleistung erbringt. Für den Beschäftigten ist dies sein Arbeitsplatz (vgl. Lindner-Lohmann/Lohmann/Schirmer 2016, S. 98). Die örtliche Flexibilität gibt Arbeitnehmern die Möglichkeit ihre Arbeit an einem anderen Ort als dem zentralen und primären Arbeitsplatz im Unternehmen zu verrichten, für mindestens einen Teil ihrer Aufgaben. Dabei werden häufig elektronische Medien und neue Informations- und Kommunikationstechnologien verwendet, um mit Kollegen und Vorgesetzten innerhalb und außerhalb der Organisation zu interargieren (vgl. Gajendran/Harrison 2007, S. 1525). Die örtliche Flexibilität, auch als Telearbeit definiert, beschreibt also keine bestimmten Tätigkeitsinhalte, sondern vielmehr die Art und Weise der Leistungserbringung (vgl. Ochsler/Paul 2019, S. 270). Die Arbeit außerhalb der zentralen Betriebsstätte verändert die Motivationsqualitäten der Arbeit, sowie die Einstellungen und organisatorische Wahrnehmungen der Mitarbeiter (vgl. Morganson u. a. 2009, S. 579).

Zu den Arbeitsmodellen, welche die Flexibilisierung des Arbeitsortes beschreiben, gehören Teleheimarbeit, alternierende Telearbeit, mobiles Arbeiten und Desk Sharing (vgl. Gärtner/Garten/Huesmann 2016, S. 223). Der Begriff Telearbeit (häufig auch als Homeoffice bezeichnet), fasst alle örtlichen Flexibilitätsmodelle zusammen, bei denen Mitarbeiter zumindest einen Teil der Arbeit außerhalb des Gebäudes des Arbeitsgebers verrichten (vgl. Lindner-Lohmann/Lohmann/Schirmer 2016, S. 99). Die Idee der Telearbeit existiert bereits länger, wurde jedoch erst zu einer Alternative vieler Arbeitnehmergruppen, nachdem Arbeitssysteme angepasst wurden (vgl. Oechsler/Paul 2019, S. 270).

Bei der Teleheimarbeit handelt es sich um die reinste Form der Telearbeit. Sie wird ausschließlich in der eigenen Wohnung des Mitarbeiters erbracht, ohne einen zusätzlichen Arbeitsplatz im Betrieb zu besitzen (vgl. Ergenzinger 1993, S. 343). Dieses Arbeitsmodell wird häufig von Frauen bevorzugt, da sie ihren familiären Bedürfnissen und Verpflichtungen nachkommen können und der Wiedereinstieg ins Berufsleben erleichtert wird. Für den Arbeitgeber bedeutet dies den Erhalt des Fach- und Firmenwissens eines eingearbeiteten Mitarbeiters (vgl. Lindner-Lohmann/Lohmann/Schirmer 2016, S. 100). Bei der alternierenden Telearbeit wechseln die Mitarbeiter zwischen dem betrieblichem Arbeitsplatz und dem Heimarbeitsplatz (vgl. Ergenzinger 1993, S. 343). Dabei wird der Arbeitsort meistens in Abhängigkeit von der jeweiligen Arbeitsaufgabe bestimmt. Die alternierende Telearbeit ist die am häufigsten verbreitete Form des Homeoffice (vgl. Oechsler/Paul 2019, S. 270).

Unter mobiler Arbeit wird die Art von Telearbeit verstanden, die üblicherweise an verschiedenen Orten stattfinden kann (vgl. Oechsler/Paul 2019, S. 270). Dies umfasst alle ortsunabhängigen Arbeiten wie bspw. der klassische Außendienst und Arbeiten bei wechselnden Kunden oder an verschiedenen Standorten. Durch den Einsatz mobiler Informations- und Kommunikationstechnologien, wird die kommunikative Beziehung zum Unternehmen unterstützt (vgl. Scholz/Scholz 2019, S. 221). Desk Sharing ist eine Form der Telearbeit innerhalb eines Betriebes, bei der sich ein Mitarbeiter einen Schreibtisch oder ein Büro mit einem anderen mobilen Mitarbeiter teilt (vgl. Berthel/Becker 2017, S. 722). Es handelt sich hierbei um personenunabhängige Arbeitsplätze, die flexibel gewechselt und meist teambezogen genutzt werden (vgl. Gärtner/Garten/Huesmann 2016, S. 223). Unter Desk Sharing können ebenso Nachbarschaftsbüros oder Satellitenbüros verstanden werden, welche Büroräume für verschiedene Unternehmen zur Verfügung stellen und sich zumeist in unmittelbarer Wohnortnähe befinden (vgl. Oechsler/Paul 2019, S. 271).

Die Gründe für die Nutzung flexibler Arbeitsmodelle seitens der Arbeitnehmer hängen häufig mit den Bedürfnissen hinsichtlich der Vereinbarkeit von Familie, Pflege, Ehrenamt und anderen privaten Interessen zusammen (vgl. Allard/Haas/

Hwang 2007, S. 477). Arbeitgeber profitieren von einer örtlichen und zeitlichen Arbeitsflexibilisierung, da sich die Mitarbeitergesundheit und -zufriedenheit erhöhen und dies nachhaltig zu einer größeren Effizienz und Produktivität beiträgt (vgl. Bundesministerium für Arbeit und Soziales 2016, S. 8)

2.2 Wahrgenommene Job-Autonomie

In der Literatur wird für die Definition der Job-Autonomie auf das Modell der Arbeitsplatzmerkmale von Hackman und Oldham (1975) zurückgegriffen. Sie definieren Job-Autonomie als den Grad, in dem der Job dem Mitarbeiter wesentliche Freiheit, Unabhängigkeit und Diskretion bei der Planung der Arbeit und bei der Festlegung der Verfahren für die Durchführung der Tätigkeit bietet (vgl. Hackman/Oldham 1975, S. 162). Die Job-Autonomie stellt die Höhe der Autorität bzw. Kontrolle dar, die Einzelpersonen haben, um zu entscheiden, welche Aufgaben zu erledigen sind oder welche Methoden bei der Ausführung ihrer Aufgaben anzuwenden sind (vgl. Langfred 2000, S. 569).

Es werden vier miteinander zusammenhängende Dimensionen der Job-Autonomie unterschieden. Die *Arbeitsmethodenautonomie* bezieht sich auf den Entscheidungsfreiraum der Mitarbeiter bei der Durchführung der Arbeitsaufgaben im Hinblick auf Verfahren und Arbeitsmethoden. Bei der *Arbeitsplanungsautonomie* geht es um den Ermessensspielraum der Mitarbeiter, wann welche Arbeitsaufgaben ausgeführt werden müssen. Die *Arbeitszeitautonomie* gibt dem Mitarbeiter den Freiraum zu wählen, wann sie mit ihrer Arbeit beginnen und enden möchten. Die vierte Dimension ist die *Standortautonomie* und bezieht sich auf den Freiraum der Mitarbeiter zu entscheiden, wo die Arbeitsaufgaben ausgeführt werden sollen (vgl. de Spiegelaere/van Gyes/van Hootegem 2016, S. 517).

Die wahrgenommene Job-Autonomie ist ein wesentliches Merkmal jeder Arbeitsgestaltung und umfasst die persönliche Beurteilung der Mitarbeiter, inwieweit sie strukturieren und kontrollieren können, wie und wann sie ihre jeweiligen Aufgaben erfüllen (vgl. Gajendran/Harrison 2007, S. 1525). Ein möglicher Ansatz, um Mitarbeitern den Schutz ihrer Ressourcen zu ermöglichen, ist die Erhöhung der wahrgenommenen Job-Autonomie (vgl. Hall u. a. 2006, S. 90). Eine Tätigkeit, die den Arbeitnehmern Autonomie und Entscheidungsfreiheit darüber gibt, wie und wann sie ihre Arbeit zu erledigen haben, ermöglicht gleichzeitig Arbeits- und Nichtarbeitsanforderungen besser zu erfüllen (vgl. Thompson/Prottas 2005, S. 101). Verhalten, welches vom Arbeitgeber kontrolliert wird, ist weniger mit Arbeitszufriedenheit verbunden, als ein Verhalten, welches vom Arbeitnehmer kontrolliert wird (vgl. Ilardi u. a. 1993, S. 1791). Daher wird bei Entscheidungsfreiheiten seitens des Arbeitnehmers vorwiegend der Begriff Autonomie verwendet und der Begriff externe Kontrolle, um zu beschreiben, wie die Arbeit selbst oder arbeitsbezogene Personen (z. B. Vorgesetzte oder Kollegen) die Kontrolle über den Arbeitnehmer haben (vgl. Gerdenitsch/Kubicek/Korunka 2015, S. 62).

Die wahrgenommene Job-Autonomie kann sich positiv auf Aspekte wie das eigene Selbstvertrauen, das Selbstwertgefühl, den Sinn für Optimismus und die persönliche Belastbarkeit in stressigen Arbeitssituationen auswirken (vgl. Hobfoll 2002, S. 309). Ein positiver Zusammenhang besteht ebenso mit Produktivität, Arbeitsqualität und Mitarbeiterzufriedenheit (vgl. Golden/Veiga/Simsek 2006, S. 1342).

Auch der Zusammenhang zwischen der Nutzung flexibler Arbeitsmodelle und der organisatorischen Bindung der Mitarbeiter wird durch die wahrgenommene Job-Autonomie erklärt (vgl. Onken-Menke/Nüesch/Kröll 2018, S. 243). Flexible Arbeitsmodelle können die wahrgenommene Job-Autonomie erhöhen, da Arbeitnehmer selbst entscheiden können, wann und zum anderen in welchen Arbeitsumfeld sie arbeiten wollen (vgl. Baltes u. a. 1999, S. 498). Haben Arbeitnehmer eine geringere wahrgenommene Job-Autonomie, so sind sie innerhalb ihres Arbeitsplatzes eingeschränkter und routinemäßiger.

Darüber hinaus erfordert es eine bessere Koordination und es besteht für die Fertigstellung der Aufgaben eine größere Abhängigkeit von anderen (vgl. Hackman/Oldham 1975, S. 159).

Die Ergebnisse der Studie von Thompson und Prottas (2005) liefern ebenso einen starken Beweis für die Wichtigkeit der Job-Autonomie im Leben von Arbeitnehmern. Sei es ein positiver Zusammenhang zwischen Berufs- und Privatleben oder die Zufriedenheit mit dem Beschäftigungsverhältnis (vgl. Thompson/Prottas 2005, S. 115). Die Job-Autonomie ist ein Schlüsselfaktor für das Engagement und das innovative Verhalten der Mitarbeiter (vgl. de Spiegelaere/van Gyes/van Hootegem 2016, S. 515).

Es wird deutlich, dass es in der Literatur überzeugende Beweise dafür gibt, dass die Wahrnehmung von Job-Autonomie mit einer Vielzahl von positiven Ergebnissen verbunden ist und dabei hilft, wertvolle Ressourcen zu schützen (vgl. Hall u. a. 2006, S. 90).

3 Herleitung der Hypothesen

In dieser Arbeit werden die Hypothesen auf Basis von Ergebnissen aus bereits existierenden empirischen Studien hergeleitet. Die vorhandenen Studien zu verwandten Themen sollen somit die Überlegungen ergänzen und auf die vorliegende Fragestellung übertragen werden.

Der Zusammenhang zwischen Telearbeit und wahrgenommener Job-Autonomie ist bereits breit dokumentiert (vgl. z. B. Hill u. a. 2008; Gajendran/Harrison 2007; Allen/Golden/Shockley 2015). Auf der einen Seite kann Telearbeit negative Effekte hervorrufen. Es kann insbesondere in belastungsstarken Arbeitssituationen vorkommen, dass die Arbeit von zu Hause aus den Arbeitnehmern nicht erlaubt der Arbeit zu entkommen, sowohl geistig als auch körperlich und somit die Work-Life-Balance beeinflusst wird (vgl. Morganson u. a. 2009, S. 580). Laut Allen, Johnson, Kiburz und Shockley (2013) führt die Arbeit von zu Hause eher zu einem Konflikt zwischen Arbeits- und Familienleben und ist somit weniger vorteilhaft, als zeitliche Flexibilität (Allen u. a. 2013, S. 351), da sowohl die psychischen als auch die physischen Grenzen zwischen Arbeit und Familie verschwimmen (vgl. Allen/Shockley 2009, S. 271). Dies kann wiederum dazu führen, dass anstelle von Job-Autonomie, eher weniger Kontrolle wahrgenommen wird und die Notwendigkeit zu einer höheren Selbstkontrolle entsteht (vgl. Schmidt/Neubach 2007, S. 411). Als eine mögliche negative Folge der virtuellen Arbeit wurde die Isolation identifiziert, da Telearbeit die Erfüllung des individuellen Zugehörigkeitsbedürfnisses behindern kann und der soziale Kontext der traditionellen Arbeit vernachlässigt wird (vgl. Golden/Veiga/Dino 2008, S. 1413). Die geringe Häufigkeit und Fülle der Kommunikation zwischen Telearbeitern und anderen Organisationsmitgliedern und die damit verminderte soziale Präsenz, schwächen zudem die zwischenmenschliche Bindung von Mitarbeitern zu ihren Vorgesetzten (vgl. Golden 2006, S. 322). Die örtliche Flexibilität kann außerdem zu Arbeitsintensivierung (vgl. Kelliher/Anderson 2008, S. 427) und Individualisierung im negativen Sinne führen (vgl. Taskin/Devos 2005, S. 15).

Auf der anderen Seite gibt es bereits viele positiv dokumentierte Effekte. Dazu zählen bspw. eine erhöhte Produktivität und zum anderen eine höhere Arbeitszufriedenheit (vgl. Bailey/Kurland 2002, S. 389). Eine von Gajendran und Harrison (2007) durchgeführte Meta-Analyse, fand ebenso einen Zusammenhang zwischen Telearbeit und erhöhter Arbeitszufriedenheit, der Verminderung von Fluktuation und Rollenbelastung (vgl. Gajendran/Harrison 2007, S. 1524). Telearbeit kann sich positiv auf die Leistungen des Unternehmens auswirken, da sie unter anderem

Fehlzeiten der Mitarbeiter verringert und sich dadurch die Produktivität verbessert (vgl. McNall/Masuda/Nicklin 2010, S. 65). Die Erlaubnis, dass Mitarbeiter außerhalb des Büros arbeiten können, kann als eine Geste der Freundlichkeit und des Vertrauens angesehen werden, die theoretisch durch Mitarbeiterbindung und Wertschätzung erwidert werden sollte (vgl. Morganson u. a. 2009, S. 579). Für Arbeitnehmer können durch eine höhere Flexibilität weniger Stress, Langeweile und Müdigkeit entstehen, sowie die Vermeidung von Konflikten im Arbeitsleben (vgl. Hill u. a. 2010, S. 351) und eine höhere Zufriedenheit mit der Arbeit und Engagement im Unternehmen (vgl. Kelliher/Anderson 2008, S. 425). Weiterhin kann Telearbeit als Schnittstelle zu einer stärkeren Integration zwischen Berufs- und Familienleben führen (vgl. Raghuram/Wiesenfeld 2004, S. 260). Die Erledigung der Aufgaben zu Hause ermöglicht zudem mehr Kontrolle über bspw. Pausen, Kleidung, Beleuchtung oder Belüftung und anderen Umgebungselementen, die zu einem erhöhten Gefühl der Autonomie beitragen können (vgl. Elsbach 2003, S. 628).

Die beschriebenen Forschungsergebnisse lassen Vermutungen über den Zusammenhang zwischen Telearbeit und wahrgenommener Job-Autonomie von Mitarbeitern zu. In der Literatur werden bestimmte Formen der örtlichen Flexibilität und der wahrgenommene Job-Autonomie in Verbindung gebracht, es liegen jedoch gemischte Befunde vor. Aufbauend auf den zuvor beschriebenen Ergebnissen, soll in dieser Studie der positive Zusammenhang örtlicher Flexibilitätsmodelle mit der wahrgenommenen Job-Autonomie nachgewiesen werden.

> Hypothese 1: Örtliche Arbeitsflexibilisierung und die wahrgenommene Job-Autonomie haben einen positiven Zusammenhang.

Aufgrund der Überlegungen zur ersten Hypothese liegt die Vermutung nahe, dass die zeitliche Arbeitsflexibilisierung ebenso positiv mit der wahrgenommenen Job-Autonomie zusammenhängt. Über die zeitliche Flexibilität gibt es bereits zahlreiche Studien. In der Literatur wird unter dem Modell der zeitlichen Flexibilität häufig auch das Homeoffice verstanden, wodurch eine klare Abgrenzung zwischen den einzelnen Modellen und möglichen Auswirkungen erschwert wird (vgl. z. B. Christensen/Staines 1990, S. 456). Die Unterscheidung zwischen zeitlicher und örtlicher Flexibilität ist jedoch insofern wichtig, da beide Formen unterschiedliche Dimensionen darstellen und somit die Zusammenfassung zu einem einzigen Konstrukt unterschiedliche Effekte ausblenden würde (vgl. Allen u. a. 2013, S. 351).

Allen und Shockley (2009) stellten heraus, dass insbesondere die zeitliche Flexibilität einen positiven Einfluss auf die Vereinbarkeit von Berufs- und Privatleben hat (vgl. Allen/Shockley 2009, S. 271). Haben Arbeitnehmer bspw. die Möglichkeit zur Gleitzeit, erhöht dies wiederum die wahrgenommene Job-Autonomie (vgl. Baltes u. a. 1999, S. 498) und in dem Zusammenhang die Arbeitsleistung (vgl. Hackman/Oldham 1975, S. 162). Eine stärkere Kontrolle der Arbeitnehmer am Arbeitsplatz, besonders in Form von Gleitzeit, mildert die negativen Auswirkungen von Stress am Arbeitsplatz (vgl. Barney/Elias 2010, S. 490).

Darüber hinaus können viele außerberufliche Verpflichtungen nur während der traditionellen Arbeitszeit wahrgenommen werden. Durch die zeitliche Flexibilität, bspw. in Form von Gleitzeit, haben Arbeitnehmer die Möglichkeit, private Termine besser in ihrer Arbeitszeit wahrzunehmen und ein breiteres Zeitfenster, um sich mit außerberuflichen Verpflichtungen oder Freizeitaktivitäten zu befassen (vgl. Thompson/Payne/Taylor 2015, S. 731). Eine Studie von Kossek und Thompson (2016) bewies, dass aufgrund zeitlicher Flexibilität eine höhere Arbeitszufriedenheit wahrgenommen wird, was wiederum zu einer geringeren Fluktuation durch die Flexibilitätspolitik am Arbeitsplatz führt (vgl. Kossek/Thompson 2016, S. 14). Die Analyse von Byron (2005) fand heraus, dass Mitarbeiter, die flexiblere Arbeitszeiten haben, einen geringeren Konflikt zwischen Berufs- und Familienleben erfahren (vgl. Byron 2005, S. 193). Durch die flexible Gestaltung der Arbeitszeiten können Belastungen der Beschäftigten durch den Wegfall von Pendelzeiten und der Einklang mit persönlichen oder familiären Zeitbedarf reduziert werden (vgl. Bundesministerium für Arbeit und Soziales 2016, S. 6). Dies ermöglicht wiederum einen fließenden Übergang zwischen verschiedenen Lebensrollen eines Individuums und kann gleichzeitig kostspielige Übergänge, wie bspw. Heimfahrten vom Betriebsgelände, zwischen den einzelnen Rollen vermeiden (vgl. Ashforth/Kreiner/Fugate 2000, S. 474).

Bei dem Modell der Vertrauensarbeitszeit verzichtet der Arbeitgeber bewusst auf die Kontrolle von Arbeits- und Anwesenheitszeiten, wobei weniger Kontrolle vom Arbeitgeber gleichzeitig eine höhere wahrgenommene Job-Autonomie des Arbeitnehmers bedeutet (vgl. Hoff/Weidinger 1999, S. 380). In Bezug auf die Gesundheit können vor allem Sabbaticals dabei helfen, sich physisch vom Arbeitsleben zu trennen und die allgemeine Erholung zu unterstützten. Darüber hinaus erzeugen sie neue Perspektiven, Energie und ein besseres Lebensgefühl (vgl. Kröll/Nüesch 2017, S. 5).

Die vorliegenden Ergebnisse zeigen, dass einzelne Modelle der zeitlichen Arbeitsflexibilisierung mit positiven Auswirkungen verbunden sind und lassen somit Vermutungen über den Zusammenhang mit der wahrgenommenen JobAutonomie zu.

Aufbauend auf den zuvor beschriebenen Ergebnissen, soll daher mit der vorliegenden Studie bestätigt werden, dass dieser Zusammenhang positiv ist. Es wird angenommen, dass die zeitliche Arbeitsflexibilisierung und die wahrgenommene Job-Autonomie einen positiven Zusammenhang haben.

Hypothese 2: Die zeitliche Arbeitsflexibilisierung und die wahrgenommene Job-Autonomie haben einen positiven Zusammenhang.

Aufgrund der Überlegungen zu Hypothese 1 und 2 liegt die Vermutung nahe, dass bei der Verwendung von örtlichen und zeitlichen Flexbilitätsmodellen und der Möglichkeit zu verschiedenen Kombinationen, ebenso ein positiver Zusammenhang mit der wahrgenommenen Job-Autonomie besteht. Bei der Kombination von zeitlicher und örtlicher Flexibilität haben Arbeitnehmer sowohl über die zeitlichen als auch über die physischen Arbeitsgrenzen hinweg mehr Handlungsspielräume (vgl. Thompson/Payne/Taylor 2015, S. 732). Nach der Studie von Allen, Johnson, Kiburz und Shockley (2013) ist die Entscheidungsfreiheit über die zeitliche Flexibilität unabhängig von der Entscheidungsfreiheit über die örtliche Flexibilität (vgl. Allen u. a. 2013, S. 362). In der Praxis und Forschung kann es vorkommen, dass örtliche und zeitliche Flexibilität gemeinsam ausgeweitet oder zu einer Politik zusammengefasst werden, denn bspw. Telearbeit ermöglicht den Arbeitnehmern, auch zu unkonventionellen Zeiten an einem anderen Ort zu arbeiten (vgl. Standen/Daniels/Lamond 1999, S. 24). Unternehmen, die örtliche Flexibilität anbieten, neigen auch dazu, zeitliche Flexibilitätsmodelle für ihre Mitarbeiter zugänglich zu machen. Gleitzeit und Telearbeit auf ad-hoc Basis wurden laut einer Umfrage der WorldatWork (2015) in mehr als 80% der Unternehmen angeboten (vgl. WorldatWork 2015, S. 9).

Flexibilität im Allgemeinen erhöht die Auswahlmöglichkeiten und Entscheidungen, die von den Mitarbeitern getroffen werden müssen (vgl. Allen u. a. 2013, S. 361). Allerdings stellten einige Studien heraus, dass eine zu hohe Flexibilität ebenso negative Folgen haben kann. Viele Wahlmöglichkeiten sind mit der Gefahr von erhöhter Unsicherheit und kognitiver Überlastung verbunden (vgl. Chua/Iyengar 2006, S. 58). Die Nutzung flexibler Arbeitsmodelle kann die Kontrolle zwar erhöhen, jedoch im Falle einer unfreiwilligen Nutzung (bspw. bei der Zuteilung von Telearbeit) die wahrgenommene Job-Autonomie auch verringern (vgl. Allen u. a. 2013, S. 362).

Moderne Informations- und Kommunikationstechniken gelten als Begünstiger bei der Verwendung von Flexibilisierungsmodellen. Die Digitalisierung kann als Befähiger und Verstärker wirken und einen Beitrag für eine verbesserte Zusammenarbeit in flexibel arbeitenden Teams leisten (vgl. Bundesministerium für Arbeit und Soziales 2016, S. 5). In einer Studie von Gerdenitsch, Kubicek und Korunka (2015) stellte sich heraus, dass Mitarbeiter bei der effizienteren Gestaltung ihrer Arbeit örtliche und zeitliche Flexibilität als unterstützend empfinden, da sie einen persönlich geeigneten Zeitpunkt, z. B. am Wochenende, für die Erfüllung einer Aufgabe wählen können (vgl. Gerdenitsch/Kubicek/Korunka 2015, S. 65).

In der Forschung gibt es bisher nicht sehr viele Studien, welche die Kombination von zeitlicher und örtlicher Flexibilität untersucht haben. Dennoch wird in der vorliegenden Studie anhand der aufgeführten Gründe vermutet, dass ein Zusammenhang zwischen der Kombination der Flexibilitätsmodelle und der wahrgenommenen Job-Autonomie besteht. Es soll nachgewiesen werden, dass die Verwendung von örtlicher und zeitlicher Arbeitsflexibilisierung im positiven Zusammenhang mit der wahrgenommenen Job-Autonomie steht.

> Hypothese 3: Die Kombination aus örtlicher und zeitlicher Arbeitsflexibilisierung und wahrgenommener Job-Autonomie haben einen positiven Zusammenhang.

Eine Kombination aus einem hohen Maß an zeitlicher und einem hohen Maß an örtlicher Flexibilität führt zu einer Gestaltung der höchsten Entscheidungsfreiheit über die zeitlichen und physischen Arbeitsgrenzen hinweg (vgl. Thompson/Payne/Taylor 2015, S. 732). Dies wiederum führt dazu, dass Arbeitnehmer ihrem Unternehmen eine höhere organisatorische Unterstützung zuschreiben und das Unternehmen gleichzeitig als attraktiver einschätzen (vgl. Thompson/Payne/Taylor 2015, S. 740). Laut der Studie von Schmoll und Süß (2019) führt eine Kombination von örtlicher und zeitlicher Flexibilität zu einer wesentlich höheren Bewertung der organisatorischen Attraktivität, als nur eine Möglichkeit der Flexibilität (vgl. Schmoll/Süß 2019, S. 52).

Da flexible Arbeitsmodelle den Mitarbeitern die Möglichkeit bieten weitestgehend autonom zu handeln, sind die Mitarbeiter besser gerüstet, um ihre eigenen Ressourcen zu schonen (vgl. Hall u. a. 2006, S. 89). Ausgehend davon, dass die örtliche Flexibilität in Verbindung mit zeitlicher Flexibilität ihren Nutzen maximiert (vgl. Hill u. a. 2010, S. 355) und die zeitliche Flexibilität positive Einflüsse sowohl auf die Arbeitszufriedenheit als auch auf die Fluktuationsabsichten der Mitarbeiter ausübt (vgl. McNall/Masuda/Nicklin 2010, S. 75), kann davon ausgegangen werden, dass die Kombination aus örtlicher und zeitlicher Flexibilität einen hohen positiven Zusammenhang mit der wahrgenommenen Job-Autonomie hat. Da es bisher noch keine empirischen Untersuchungen gibt, soll anhand der vorliegenden Studie nachgewiesen werden, dass die Kombination aus örtlicher und zeitlicher Arbeitsflexibilisierung und der wahrgenommenen Job-Autonomie der größte positive Zusammenhang besteht.

Hypothese 4: Die Kombination aus örtlicher und zeitlicher Arbeitsflexibilisierung und die wahrgenommene Job-Autonomie haben den größten positiven Zusammenhang.

Folgendes Modell fasst die Zusammenhänge der Hypothesenherleitung zusammen.

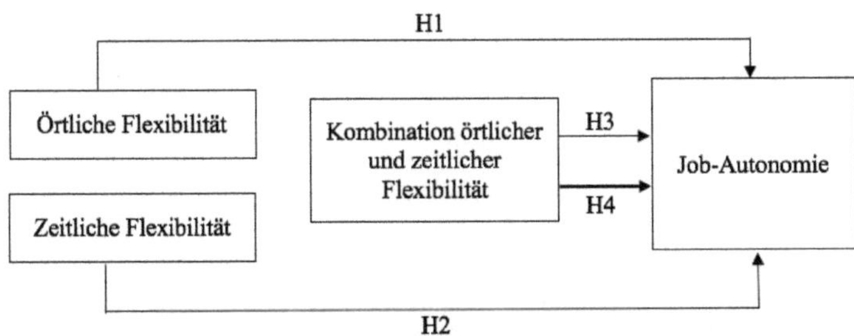

Abbildung 2: Modell zur Hypothesenherleitung

4 Empirische Analyse des Zusammenhangs zwischen örtlicher und zeitlicher Arbeitsflexibilisierung und wahrgenommener Job-Autonomie

4.1 Datenerhebung

Die Daten der empirischen Untersuchung wurden in Form einer quantitativen

Befragung mit Hilfe eines Online-Fragebogens erhoben. Die verschiedenen Abschnitte des Fragebogens können folgender Abbildung entnommen werden (Abb. 3).

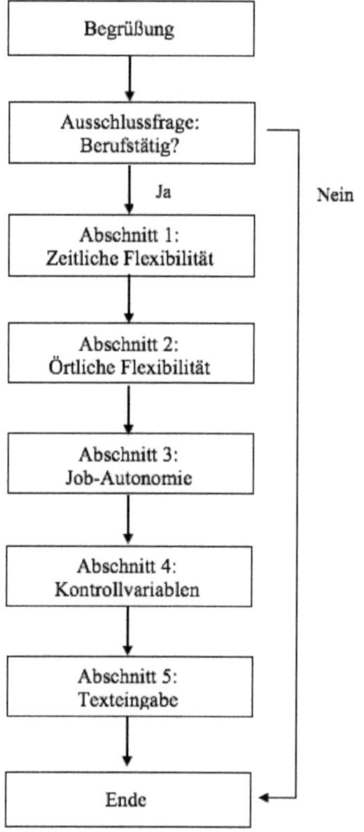

Abbildung 3: Aufbau des Fragebogens
(eigene Darstellung)

Im ersten Teil des Fragebogens wurden die Teilnehmer zunächst begrüßt und auf die Anonymität der Daten sowie die Freiwilligkeit der Teilnahme hingewiesen. Anschließend folgte die Frage nach dem aktuellen Beschäftigungsverhältnis. Dies diente in der Studie zum Ausschluss der Personen, die sich zum Zeitpunkt der Befragung in keinem Beschäftigungsverhältnis befanden. Bei der Beantwortung mit „Nein" wurde der Teilnehmer dementsprechend direkt auf die Schlussseite weitergeleitet und die Befragung vorzeitig beendet. Teilnehmer, die sich zum Zeitpunkt der Befragung in einem Beschäftigungsverhältnis befanden und die Frage mit „Ja" beantwortet haben, wurden zum ersten Abschnitt des Fragebogens weitergeleitet.

In den ersten beiden Abschnitten des Fragebogens wurde der Faktor „Flexible Arbeitsgestaltung" gemessen. Der erste Abschnitt widmete sich zunächst der ersten Faktorstufe, der „zeitlichen Flexibilität". Den Teilnehmern wurden sechs verschiedene Arbeitszeitmodelle gezeigt. Für die Erfassung des jeweiligen Modells wurden den Teilnehmern zwei Fragen gestellt. Zum einen sollten die Teilnehmer angeben, ob ihr Unternehmen das jeweilige Modell anbietet. Anhand einer nominalen Skala konnten sie zwischen den Antwortmöglichkeiten „Ja" (kodiert als eins), „Nein" (kodiert als zwei) oder „Weiß nicht" (kodiert als drei) entscheiden. Zum anderen sollten die Teilnehmer anhand einer dichotomen Skala angeben, ob sie das jeweilige Flexibilitätsmodell außerdem persönlich nutzen, mit den Antwortmöglichkeiten „Ja" (kodiert als eins) oder „Nein" (kodiert als null). Der zweite Abschnitt diente der Erfassung der zweiten Faktorstufe „örtliche Flexibilität", in dem den Teilnehmern vier unterschiedliche Flexibilitätsmodelle präsentiert wurden. Die Fragen und Antwortmöglichkeiten sind identisch mit den zuvor im ersten Abschnitt beschriebenen Möglichkeiten.

Der dritte Abschnitt diente der Messung der endogenen Variablen „Job-Autonomie". Hierzu wurde aus der Skala „Task Characteristics" die Dimension „Autonomy" von Quinn und Staines (1979) aus dem Quality of Employment Survey verwendet. Einige Dimensionen der „Task Characteristics" wurden aus dem Modell des Michigan Organisation Assessment Package (1978) übernommen und einige andere aus dem Job Diagnostic Survey von Hackman und Oldham 1975 (vgl. Quinn/Staines 1979, S. 194). Die Skala enthielt sechs Items. Die Beantwortung der Fragen nahmen die Befragten anhand einer vierstufigen Likert-Skala vor. Die Ankerpunkte der Likert-Skala reichten von „Stimme überhaupt nicht zu" (kodiert als eins) bis „Stimme voll und ganz zu" (kodiert als vier). Hierbei wurde gezielt auf eine neutrale Antwortmöglichkeit verzichtet, um ein eindeutiges Ergebnis zu erzielen. Für die Bewertung der Reliabilität (Messgenauigkeit) der Job-Autonomie Skala, wurde mit

Hilfe von SPSS der Koeffizient Cronbachs Alpha (a) bestimmt. Es handelt sich dabei um ein Maß für die interne Konsistenz (Übereinstimmung) der Antworten auf die zur Einstellungsmessung verwendeten Items und kann Werte zwischen null (keine Konsistenz) und eins (vollständige Übereinstimmung) annehmen. Dabei sind Werte > ,80 erwünscht, jedoch werden häufig schon Werte $\geq$,70 akzeptiert. Die Werte hängen von der Anzahl, der Homogenität und der Trennschärfe der verwendeten Items ab (vgl. Krebs/Menold 2014, S. 430). In der vorliegenden Studie hat das Cronbachs Alpha einen Wert von a = ,809. Somit kann die Reliabilität der Job-Autonomie Skala als gut bewertet werden.

Der vierte Abschnitt diente der Erfassung der demografischen Merkmale und beruflichen Eigenschaften der Befragten. Zunächst wurden Fragen zum Alter, Geschlecht, Bildungsabschluss, Familienstand und zur Tatsache, ob ein Kind unter 15 Jahren und/oder pflegebedürftige Personen im Haushalt leben, gestellt. Anschließend wurden Informationen zum Beschäftigungsverhältnis, zur Unternehmensbranche, Betriebszugehörigkeit und Führungsposition, sowie zur Arbeitszeit eingeholt. Die entsprechenden Kodierungen der Kontrollvariablen können in der Kodierungstabelle der demografischen Variablen im Anhang (S. 62) eingesehen werden.

Im fünften Abschnitt hatten die Teilnehmer die Möglichkeit, in einem offenen Textfeld ihre Kommentare oder Bemerkungen niederzulegen.

Im letzten Abschnitt des Fragebogens wurde sich bei den Befragten für die Teilnahme an der Studie bedankt und für erfolgreich abgeschlossen erklärt.

Die Datenerhebung erfolgte durch einen Online-Fragebogen der mit Hilfe der Umfragesoftware „Unipark" erstellt wurde. Hierdurch konnte eine anonyme Teilnahme einer großen Anzahl von Personen gewährleistet werden. Zunächst wurde der Pretest des Fragebogens durchgeführt. In diesem Zuge haben bereits 10 Personen den Fragebogen vorab getestet, die Erfahrung in der statistischen Datengewinnung hatten und somit die notwendige Expertise besaßen, um einen ersten Testlauf durchzuführen. Die Verbesserungsvorschläge betrafen hauptsächlich Formulierungs- und Verständnisfragen. Anschließend wurde der Fragebogen im Zeitraum vom 11. Februar 2019 bis zum 30. April 2019 für die Teilnehmer aktiviert. Zunächst erfolgte die Verbreitung mittels des Online-Links auf dem Karriere Netzwerk „Xing". Bei Xing handelt es sich um das führende soziale Netzwerk in Deutschland, für das Vernetzen beruflicher Kontakte aller Branchen (vgl. Xing 2018). Der Fragebogen wurde in verschiedene Foren und Gruppen veröffentlicht, um eine möglichst große Branchen- und Teilnehmerheterogenität zu erreichen. Gleichzeitig wurde der Fragebogen außerdem über das private Netzwerk verbreitet. Der Link des Fragebogens wurde im Zeitraum der Veröffentlichung insgesamt 768 mal angeklickt und von 219 Personen vollständig ausgefüllt. Davon wurden 21 Datensätze ausgeschlossen, da diese Teilnehmer sich in keinem Beschäftigungsverhältnis befanden und somit nicht weiter für die Studie relevant waren. Aufgrund dessen ergab sich ein Gesamtsample von 198 Datensätzen, welche für die Analyse verwendet werden konnten.

Die Auswertung der Daten erfolgte mithilfe der Statistik-Software IBM SPSS Statistics (SPSS) in der deutschen Version 25. Nachdem die Daten aus dem Umfragetool "Unipark" in eine Excel-Datei exportiert wurden, konnte der Datensatz wiederum mit SPSS geöffnet werden. Zunächst wurden die Daten formatiert, aufbereitet und bereinigt. Anschließend wurden die Teilnehmer in vier Faktorgruppen eingeteilt, die als Dummy-Variablen erstellt wurden. So wurde aus den Fragen zu den verschiedenen zeitlichen Flexbilisierungsmodellen die Dummy-Variable "Zeitliche Flexibilität" erzeugt, welche kodiert war als eins für "nur zeitliche Flexibilitätsmodelle werden verwendet" und kodiert als null, für jeden anderen Fall. Das gleiche erfolgte für das Merkmal örtliche Flexibilität. Die Dummy-Variable "Örtliche Flexibilität" wurde kodiert als eins für "nur örtliche Flexibilitätsmodelle werden verwendet" und kodiert als null für alle anderen Möglichkeiten. Die dritte Dummy-Variable "Örtlich & Zeitliche Flexibilität" ist für die Kombination der Merkmale örtliche und zeitliche Flexibilität. Diese wurde kodiert als eins für "mindestens ein örtliches und mindestens ein zeitliches Flexibilitätsmodell wird verwendet" und null für den Fall, dass entweder nur örtlich, nur zeitlich oder gar kein Modell genutzt wird. Die vierte Dummy-Variable "Keine Flexibilität" wurde kodiert mit eins für den Fall "gar kein Flexibilisierungsmodell wird genutzt" und null für den Fall das mindestens ein Modell genutzt wird. Anschließend wurde aus den sechs Items des Fragebogens zur Messung der wahrgenommenen Job-Autonomie ein Mittelwertindex gebildet. Für die Analyse wurden deskriptive Statistiken sowie Häufigkeiten und Korrelationen ermittelt. Anschließend erfolgte die Überprüfung der Hypothesen mittels der einfaktoriellen Varianzanalyse, der ANOVA.

4.2 Beschreibung der Teilnehmer

Die Daten der vorliegenden Studie basieren auf einer freiwilligen Teilnahme der
Personen, sodass von einer Selbstselektion gesprochen werden kann. In folgender
Tabelle ist das demografische Profil der Studienteilnehmer abgebildet (Tab. 1). Von
den insgesamt 198 Probanden, haben 129 Frauen und 69 Männer teilgenommen.
Das Alter liegt dabei zwischen 20 und 63 Jahren, wobei das Durchschnittsalter der
Teilnehmer bei 31,24 Jahren liegt.

Merkmal	Ausprägung	Insgesamt
Anzahl N		198
Alter (Mittel-wert)		31,24
Geschlecht	Weiblich	129 (65,2%)
	Männlich	69 (34,8%)
	Anders	0
Bildungsab-schluss	Hauptschulabschluss	2 (1,0%)
	Realschulabschluss	6 (3,0%)
	Abitur	30 (15,2%)
	Abgeschlossene Berufsausbildung	27 (13,6%)
	Hochschulabschluss	124 (62,6%)
	Sonstige	9 (4,5%)
Familienstand	Ledig	149 (75,3%)
	Eingetragene Lebenspartnerschaft	2 (1,0%)
	Verheiratet	43 (21,7%)
	Verwitwet	0
	Geschieden	4 (2,0%)
Kind/pflegebe-dürftige Person im Haushalt	Ja	31 (15,7%)
	Nein	167 (84,3%)
Beschäftigungs-verhältnis	Vollzeit	151 (76,3%)
	Teilzeit	47 (23,7%)

Merkmal	Ausprägung	Insgesamt
Arbeitsstunden pro Woche (Mittelwert)		39,079
Beschreibung Beschäftigungsverhältnis	Arbeiter/in	8 (4,0%)
	Beamte/r	10 (5,1%)
	Angestellte/r	(86,4%)
	Selbstständige/r	4 (2,0%)
	Sonstiges	5 (2,5%)
Branche des Unternehmens	Automobilindustrie	12 (6,1%)
	Baugewerbe	4 (2,0%)
	Dienstleistungsbranche	43 (21,7%)
	Energiewirtschaft	3 (1,5%)
	Erziehung und Unterricht	6 (3,0%)
	Finanz-/Versicherungsdienstleistung	11 (5,6%)
	Gesundheit- und Sozialwesen	24 (12,1%)
	Grundstücks- und Wohnungswesen	1 (0,5%)
	Handel	9 (4,5%)
	Industrieunternehmen	16 (8,1%)
	Information und Kommunikation	18 (9,1%)
	Kunst, Unterhaltung u. Erholung	2 (1,0%)
	Land- u. Forstwirtschaft, Fischerei	1 (0,5%)
	Lebensmittelindustrie	3 (1,5%)
	Medizin/Pharmabranche	5 (2,5%)
	Öffentliche Verwaltung	10 (5,1%)
	Produzierendes Unternehmen	6 (3,0%)
	Verarbeitendes Gewerbe	1 (0,5%)
	Verkehr und Logistik	5 (2,5%)
	Wasser, Abwasser, Entsorgung	1 (0,5%)
	Sonstige	17 (8,6%)
Betriebszugehörigkeit (Mittelwert)		4,62

Merkmal	Ausprägung	Insgesamt
Führungsposi-tion	Ja Nein	40 (20,2%) 158 (79,8%)

Tabelle 1: Demografisches Profil der Teilnehmer

62,6 % der Teilnehmer haben einen Hochschulabschluss, 15,2 % haben das Abitur, 13,6 % haben eine abgeschlossene Berufsausbildung, 3,0 % haben einen Realschulabschluss und 1,0 % haben einen Hauptschulabschluss als höchsten Bildungsabschluss. 4,5 % gaben dabei Sonstiges an. Unter den Angaben aus dem freien Textfeld für Sonstiges wurden unter anderem das Staatsexamen, die Promotion oder eine Kombination aus den gewählten Antwortmöglichkeiten angegeben. Weiterhin sind 75,3 % der Befragten ledig, 21,7 % sind verheiratet, 2,0 % sind geschieden und 1,0 % leben in einer eingetragenen Lebenspartnerschaft. Bei 15,7 % der Befragten lebt aktuell ein Kind unter 15 Jahren und/oder pflegebedürftige Personen im Haushalt.

76,3 % der Befragten haben angegeben, dass sie einer Vollzeitbeschäftigung nachgehen und 23,7 % der Befragten einer Teilzeitbeschäftigung, wobei die durchschnittliche wöchentliche Arbeitszeit 39,079 Stunden beträgt.

Zur beruflichen Situation haben 86,4 % der Befragten angegeben, dass sie sich in einem Angestelltenverhältnis befinden. 5,1 % der Teilnehmer sind Beamte, 4,0 % sind Arbeiter und 2,0 % befinden sich in der Selbstständigkeit. Die restlichen 2,5 % haben im Textfeld "Sonstiges" angegeben, dass sie als Praktikanten oder Werkstudenten tätig sind. Weiterhin konnten die Studienteilnehmer unter 20 verschiedenen Branchen angeben, in welche sie das Unternehmen in dem sie tätig sind, einordnen würden. 21,7% der Teilnehmer sind in der Dienstleistungsbranche tätig, 12,1 % im Gesundheits- und Sozialwesen, 9,1 % sind in der Informations- und Kommunikationsbranche tätig und 8,1 % arbeiten in Industrieunternehmen. Die weitere Verteilung der Branchen ist der Tabelle 1 zu entnehmen. Im Durchschnitt sind die Befragten der Studie 4,62 Jahre in ihrem derzeitigen Betrieb tätig. Von den 198 Studienteilnehmern haben 20,2 % der Befragten angegeben, sich in einer Führungsposition zu befinden und 79,8 % haben keine Führungsverantwortung.

Unter den zeitlichen Flexibilitätsmodellen ist die Gleitzeit mit 66,2 % das am häufigsten genutzte Modell unter den Befragten, wobei 72,7 % angaben, dass ihr

Unternehmen das Modell anbietet. Teilzeit wird sogar von 81,8 % der Unternehmen angeboten, jedoch nutzen nur 23,2 % der Befragten dies auch selbst. Das am zweitstärksten genutzte zeitliche Flexibilisierungsmodell ist die Vertrauensarbeitszeit mit 51,5 %, gefolgt von den Arbeitszeitkonten mit 47,5 %, Jobsharing und Sabbaticals mit jeweils 4,5 %.

Bei der örtlichen Arbeitsflexibilisierung ist das am meist genutzte Modell das mobile Arbeiten mit 24,7 % gefolgt von der alternierenden Telearbeit mit 22,7 %, welches von den Unternehmen mit 57,1 % am häufigsten angeboten wird. Desk Sharing nutzen 16,7 % der Befragten und Teleheimarbeit 8,6 %.

Somit gibt es kein von den abgefragten Modellen, welches nicht von Unternehmen angeboten wird und kein Modell welches nicht von den Befragten genutzt wird. Alle weiteren Verteilungen sind den folgenden zwei Tabellen Tab. 2, Tab. 3) zu entnehmen.

Zeitliches Flexibilitätsmodell	Bietet mein Unternehmen an		Nutze ich	
Gleitzeit	Ja:	144 (72,7%)	Ja:	131 (66,2%)
	Nein:	53 (26,8%)	Nein:	67 (33,8%)
	Weiß nicht:	1 (0,5%)		
Vertrauensarbeitszeit	Ja:	115 (58,1%)	Ja:	102 (51,5%)
	Nein:	78 (39,4%)	Nein:	96 (48,5%)
	Weiß nicht:	5 (2,5%)		
Teilzeit	Ja:	162 (81,8%)	Ja:	46 (23,2%)
	Nein:	20 (10,1%)	Nein:	152 (76,8%)
	Weiß nicht:	16 (8,1%)		
Jobsharing	Ja:	38 (19,2%)	Ja:	9 (4,5%)
	Nein:	125 (63,1%)	Nein:	189 (95,5%)
	Weiß nicht:	35 (17,7%)		
Arbeitszeitkonten	Ja:	117 (59,1%)	Ja:	94 (47,5%)
	Nein:	78 (39,4%)	Nein:	104 (52,5%)
	Weiß nicht:	3 (1,5%)		
Sabbaticals	Ja:	68 (34,3%)	Ja:	9 (4,5%)
	Nein:	59 (29,8%)	Nein:	189 (95,5%)
	Weiß nicht:	71 (35,9%)		

Tabelle 2: Häufigkeiten der zeitlichen Flexibilitätsmodelle

Örtliches Flexibilitäts-modell	Bietet mein Unternehmen an	Nutze ich
Teleheimarbeit	Ja: 49 (24,7%) Nein: 125 (63,1%) Weiß nicht: 24 (12,1%)	Ja: 17 (8,6%) Nein: 181 (91,4%)
Alternierende Telearbeit	Ja: 113 (57,1%) Nein: 74 (37,4%) Weiß nicht: 11 (5,6%)	Ja: 45 (22,7%) Nein: 153 (77,3%)
Mobiles Arbeiten	Ja: 106 (53,5%) Nein: 80 (40,4%) Weiß nicht: 12 (6,1%)	Ja: 49 (24,7%) Nein: 149 (75,3%)
Desk Sharing	Ja: 64 (32,3%) Nein: 119 (60,1%) Weiß nicht: 15 (7,6%)	Ja: 33 (16,7%) Nein: 165 (83,3%)

Tabelle 3: Häufigkeiten der örtlichen Flexibilitätsmodelle

4.3 Darstellung der Ergebnisse

In der Korrelationsmatrix (Abb. 4) sind die Mittelwerte (M), Standardabweichungen (SD) sowie die Korrelationskoeffizienten nach Pearson (R) dargestellt.

Die Variablen korrelieren schwach bis mäßig miteinander. Lediglich zwischen den unabhängigen Variablen "Örtlich & Zeitliche Flexibilität" und "Zeitliche Flexibilität" besteht eine starke negative Korrelation (R = -,784; p < ,01). Bei einer Korrelation, welche den Wert von 0,7 übersteigt, besteht die Gefahr der Multikollinearität. Beide Variablen sind jedoch essentiell für die Untersuchung, da sie wichtige Bestandteile der Modelltheorie für die anschließende Analyse darstellen. In der Praxis ist es nicht unüblich, die bestehende Gefahr aus diesem Grund zu ignorieren und die Analyse durchzuführen (vgl. Auer/Rottmann 2015, S. 518). Daher wird die mögliche Multikollinearität nicht weiter beachtet und die Analyse fortgeführt.

Unter den Kontrollvariablen korrelieren "Unternehmenszugehörigkeit" und "Alter" am stärksten miteinandern (R = ,656; p < ,01) was dadurch erklärt werden kann, dass je älter eine Person ist, desto länger kann sie in ein und demselben Unternehmen tätig sein und die Unternehmenszugehörigkeit steigt. Eine ebenfalls starke Korrelation besteht zwischen den Kontrollvariablen "Arbeitszeit" und "Vollzeit" (R

= -,607; p < ,01), denn im Rahmen einer Vollzeitbeschäftigung werden mehr wöchentliche Arbeitsstunden geleistet als im Rahmen einer Teilzeitbeschäftigung. Außerdem korrelieren die Kontrollvariablen "Familienstand" und "Alter" mäßig miteinander (R = ,506; p < ,01). Dies kann dadurch erklärt werden, dass Personen im höheren Alter eher verheiratet sind, als Personen im jüngeren Alter. Weiterhin korrelieren die Variablen "Örtlich & Zeitliche Flexibilität" und "Job-Autonomie" mäßig miteinander (R = ,300; p < ,01). Ein Fall von Multikolliniarität liegt nicht vor, da es sich hier um eine unabhängige und eine abhängige Variable handelt und nicht um zwei erklärende Variablen. Die mäßige Korrelation zwischen den Variablen „Führungsposition" und „Alter" (R = -,368; p < ,01) verstärkt die Vermutung, dass sich eher ältere Personen in einer Führungsposition befinden, als Jüngere. Daher ist die Korrelation zwischen „Führungsposition" und „Job-Autonomie" (R = -,341; p < ,01) ebenso interessant, da sich Personen in Führungspositionen eher autonom in ihrer Arbeit fühlen, als Personen ohne Führungsposition.

Variablen	M	SD	1.	2.	3.	4.	5.	6.	7.	8.	9.	10.	11.	12.	13.	14.	15.	16.
1. Job-Autonomie	2,8594	0,57712	1															
2. Örtliche Flexibilität	0,05	0,209	-0,059	1														
3. Zeitliche Flexibilität	0,44	0,498	-,167*	-,195**	1													
4. Örtlich & Zeitliche Flexibilität	0,43	0,497	,300**	-,191**	-,784**	1												
5. Keine Flexibilität	0,08	0,265	-,201**	-0,062	-,256**	-,251**	1											
6. Alter	31,24	8,859	,171*	0,049	-0,079	0,115	-0,105	1										
7. Geschlecht	1,35	0,478	,228**	0,095	-0,121	,172*	-,169*	0,063	1									
8. Bildungsabschluss	4,47	0,975	0,011	-0,007	-0,039	0,138	-,179*	-,173*	0,046	1								
9. Familienstand	1,53	0,965	0,083	-0,018	-0,076	0,136	-0,097	,506**	0,019	-0,078	1							
10. Kind	1,84	0,364	-0,053	0,094	0,078	-,155*	0,071	-,158*	-0,064	-0,018	-,371**	1						
11. Vollzeit	1,24	0,427	0,068	-0,065	-0,045	,158*	-,160*	0,039	-0,084	-0,028	0,066	-0,021	1					
12. Arbeitszeit	39,079	13,3613	0,058	0,075	0,041	-0,061	-0,021	0,105	,184**	-0,116	0,014	-0,058	-,607**	1				
13. Beschäftigungs-verhältnis	2,96	0,679	0,037	0,011	-0,043	0,076	-0,070	0,030	0,085	-0,036	-0,049	0,080	,169*	-0,092	1			
14. Branche	9,53	6,628	0,036	-0,076	,185**	-0,098	-0,104	0,016	0,071	0,029	0,017	-0,094	0,020	-0,027	-0,007	1		
15. Unternehmens-zugehörigkeit	4,62	5,9173	-0,016	0,039	0,086	-0,134	0,057	,656**	0,004	-,250**	,321**	-0,088	-0,016	0,036	-0,060	0,044	1	
16. Führungsposition	1,8	0,403	-,341**	-0,071	,172*	-,194**	0,097	-,368**	-,266**	0,026	-,248**	0,095	0,133	-,313**	-0,026	0,056	-,177*	1

*. Die Korrelation ist auf dem Niveau von 0,05 (2-seitig) signifikant.

**. Die Korrelation ist auf dem Niveau von 0,01 (2-seitig) signifikant.

Abbildung 4: Mittelwerte, Standardabweichungen und Interkorrelationen der Variablen

Zur Analyse der Daten und zum Testen der Hypothesen wurde eine einfaktorielle Varianzanalyse verwendet. Auch als ANOVA (engl.: Analysis of Variance) bezeichnet, kann sie als eine Verallgemeinerung eines T-Tests für zwei unabhängige Stichproben aufgefasst werden (vgl. Steiner/Benesch 2018, S. 158). Das Ziel der Varianzanalyse ist es zu untersuchen, ob es signifikante Unterschiede innerhalb der abhängigen Variablen zwischen den verschiedenen Gruppen gibt. Dabei wird getestet, ob die Mittelwerte der einzelnen Gruppen einander gleichen (vgl. Huber/Meyer/Lenzen 2014, S. 44). Bei dem vorliegenden Stichprobenumfang von N = 198, können die Abweichungen der Beobachtungsdaten dem Zufall zugeschrieben werden. Die Varianzanalyse geht von einem linearen Zusammenhang zwischen einer oder mehreren Einflussgrößen und einer zu erklärenden Variablen aus. Die Einflussgröße wird als Faktor und deren Ausprägungen als Faktorstufen bezeichnet (vgl. Mittag 2017, S. 270).

In der vorliegenden Studie wurden die Teilnehmer anhand ihrer Antworten in Gruppen eingeteilt und neue Dummy-Variablen erstellt, um den Einfluss der unabhängigen Variablen auf die metrisch-skalierte, abhängige Variable "JobAutonomie" zu analysieren. Dummy-Variablen sind binäre Variablen, welche nur die Werte eins (trifft zu) oder null (trifft nicht zu) annehmen können (vgl. Backhaus u. a. 2018, S. 16). Somit ist in dieser Studie die Einflussgröße die Arbeitsflexibilisierung, mit vier verschiedenen Faktorstufen, nachfolgend unter anderem als Gruppen bezeichnet (Örtliche Flexibilität, Zeitliche Flexibilität, Örtlich und Zeitliche Flexibilität und Keine Flexibilität). Die zu erklärende Variable, also die abhängige (endogene) Variable, ist in diesem Fall die wahrgenommene Job-Autonomie.

Vor der Überprüfung der Hypothesen war zunächst festzustellen, ob die Daten den statistischen Voraussetzungen für die einfaktorielle Varianzanalyse entsprachen. Die Varianzhomogenität und die Normalverteilung stellen die beiden zentralen Annahmen der Varianzanalyse dar. Ausreißer und Gruppenunabhängigkeit sollten jedoch ebenfalls überprüft werden.

Bei einem varianzanalytischen Modell wird von der Annahme ausgegangen, dass Varianzhomogenität vorliegt, d.h. dass die Varianzen in den jeweiligen Grundgesamtheiten gleich sind. Diese Voraussetzung kann erst nach der Berechnung der einfaktoriellen Varianzanalyse bestimmt werden, da die entsprechende Statistik Teil dessen Ausgabe ist (vgl. Eckstein 2019, S. 315). Die Überprüfung der Varianzhomogenität erfolgte mit dem Levene-Test. Bei einem signifikanten Levene-Test ($p < ,05$) läge eine Verletzung der Varianzhomogenität vor. Das Ergebnis ($p = ,245$) bestätigt jedoch das Vorliegen der Varianzhomogenität, gemäß dem wir eine

Gleichheit der Varianzen annehmen können. Zur Überprüfung der abhängigen Variablen auf Normalverteilung, wurde mittels SPSS der statistische Kolmogorov-Smirnov Test durchgeführt. Wie die Überprüfung mit dem Test ergab (a = ,05), ist die wahrgenommene Job-Autonomie für die Gruppen "Örtliche Flexibilität" (p = ,200) und "Keine Flexibilität" (p = ,113) normalverteilt, nicht aber für "Zeitliche Flexibilität" (p = ,035) und "Örtlich und Zeitliche Flexibilität" (p = ,001). Eine einfaktorielle ANOVA ist relativ robust gegenüber Verletzungen der Normalverteilungsannahme, wie Simulationsstudien gezeigt haben (vgl. z. B. Blanca u. a. 2017, S. 552 und Schmider/Ziegler/Danay/Beyer/Bühner 2010, S. 150). Aus diesem Grund wird mit den Daten fortgefahren, ohne Gegenmaßnahmen anzuwenden.

Das Boxplot-Diagramm (siehe Anhang, S. 62) stellt die Verteilung der durchschnittlich wahrgenommenen Job-Autonomie für die vier Faktorgruppen dar. Neben dem Median und dem 25%- und 75%- Perzentils werden auch Ausreißer und Extremwerte dargestellt. Insgesamt gibt es im vorliegenden Datensatz vier Ausreißer. Bei der im Fragebogen verwendeten Skala für Job-Autonomie, handelt es sich um eine geschlossene Skala und um echte und korrekte Messwerte (vgl. Huber/Meyer/Lenzen 2014, S. 64). Daher wird die Analyse mit den leichten Ausreißern fortgeführt. Zudem kann die Unabhängigkeit der Stichprobe bestätigt werden, da die Zuteilung der Teilnehmer in die einzelnen Testgruppen zufällig je nach Antworten erfolgte. Für die Probanden war es nicht ersichtlich, dass eine Einteilung in verschiedene Gruppen erfolgte, es handelt sich dabei um eine a posteriori Einteilung (vgl. Huber/Meyer/Lenzen 2014, S. 65).

Nachdem die Voraussetzungen überprüft wurden, konnte anschließend die Analyse des SPSS Outputs erfolgen. Wie bereits beschrieben, wurde eine einfaktorielle ANOVA berechnet, um zu untersuchen, ob es einen Unterschied in der wahrgenommenen Job-Autonomie abhängig von der Arbeitsflexibilisierung gab. Die Arbeitsflexibilisierung wurde, wie bereits erwähnt, in vier Faktorstufen eingeteilt. "Örtliche Flexibilität" (N = 8), "Zeitliche Flexibilität" (N = 88), "Örtlich und Zeitliche Flexibilität" (N = 86) und "Keine Flexibilität" (N = 15). Für alle signifikanten Effekte sollte untersucht werden, wie stark deren Wirkung auf die abhängige Variable tatsächlich ist. Das Maß für die Berechnung der Effektstärke der ANOVA ist das partielle Eta-Quadrat. Die Formel für die Berechnung lautet

$$\eta^2 = \frac{QS_{Zwischen}}{QS_{Gesamt}}$$

Die Größen des Effekts definiert Cohen (1988, S. 282) wie folgt: Sobald das partielle Eta-Quadrat den Wert von ,01 überschreitet, wird ein schwacher Effekt angenommen. Ab einem Wert von ,059 besteht ein mittelstarker Effekt und Werte über ,138 werden als ein großer Effekt klassifiziert.

In Tabelle 4 ist der SPSS Output der einfaktoriellen ANOVA dargestellt, welcher zur Berechnung des partiellen Eta-Quadrats benötigt wird.

	Quadrat-summe	df	Mittel der Quadrate	F	Signifi-kanz
Zwischen den Gruppen	7,012	3	2,337	7,738	,000
Innerhalb der Gruppen	58,603	194	,302		
Gesamt	65,615	197			

Tabelle 4: Einfaktoriele ANOVA; Job-Autonomie

Eingesetzt in die Formel ergibt sich daraus:

$$\eta^2 = \frac{QS_{Zwischen}}{QS_{Gesamt}} = \quad \eta^2 = \frac{7,012}{65,615} \approx 0,1069$$

Demnach liegt bei dieser ANOVA mit 0,1069 ein mittelstarker Effekt vor. Die Effektstärke dient der Information für die identifizierten Einflussfaktoren und dem Vergleich verschiedener Einflüsse in ihrer Effektstärke (vgl. Huber/Meyer/Lenzen 2014, S. 87).

Wie bereits bei der Überprüfung der Voraussetzungen für die einfaktorielle Varianzanalyse festgestellt, liegt eine Varianzhomogenität der vorhandenen Daten vor. Dem Output der einfaktoriellen ANOVA, welcher in Tabelle 4 dargestellt ist, kann entnommen werden, dass die Signifikanz einen p-Wert von ,000 hat, sodass von einem signifikanten Unterschied zwischen den Gruppen auszugehen ist. Ein signifikantes Ergebnis bedeutet bei der einfaktoriellen ANOVA, dass sich mindestens zwei Gruppen statistisch signifikant voneinander unterscheiden. In der vorliegenden Analyse unterscheiden sich damit die Mittelwerte der Variablen wahrgenommene Job-Autonomie für mindestens zwei Faktorstufen statistisch signifikant von einander.

Für die Überprüfung der Hypothesen wurde anschließend ein Post-Hoc Test durchgeführt, um festzustellen, in welche Richtung der signifikante Effekt wirkt. Zudem werden mit Hilfe dieses Tests die verschiedenen Gruppenmittelwerte auf signifikante Unterschiede untersucht. Unter Berücksichtigung der Anzahl der Faktorstufen und dem Vorliegen von Varianzhomogenität, wird in der vorliegenden Studie die Scheffé-Prozedur im Post-Hoc-Test angewendet (Tab. 5). Der SPSS Output zeigt für jeden paarweisen Vergleich der einzelnen Faktorstufen die Signifikanzen an und identifiziert damit, welche der Gruppen für den signifikanten Einfluss auf die Job-Autonomie verantwortlich sind (vgl. Huber/Meyer/Lenzen 2014, S. 83-84). Dadurch erfolgt die Überprüfung der Hypothesen.

Gruppen		Mittlere Differenz (I-J)	Std.-Fehler	Signi-fikanz	95%-Konfidenzintervall Untergrenze	95%-Konfidenzintervall Obergrenze
Örtliche Flexibilität	Zeitliche Flexibilität	-0,04819	0,19235	0,996	-0,5906	0,4943
	Örtlich & Zeitliche Flexibilität	-0,35250	0,19255	0,343	-0,8955	0,1905
	Keine Flexibilität	0,24815	0,23174	0,766	-0,4054	0,9017
Zeitliche Flexibilität	Örtliche Flexibilität	0,04819	0,19235	0,996	-0,4943	0,5906
	Örtlich & Zeitliche Flexibilität	-,30431*	0,08334	0,005	-0,5393	-0,0693
	Keine Flexibilität	0,29634	0,15353	0,296	-0,1366	0,7293
Örtlich & Zeitliche Flexibilität	Örtliche Flexibilität	0,35250	0,19255	0,343	-0,1905	0,8955
	Zeitliche Flexibilität	,30431*	0,08334	0,005	0,0693	0,5393
	Keine Flexibilität	,60065*	0,15379	0,002	0,1669	1,0344
Keine Flexibilität	Örtliche Flexibilität	-0,24815	0,23174	0,766	-0,9017	0,4054
	Zeitliche Flexibilität	-0,29634	0,15353	0,296	-0,7293	0,1366
	Örtlich & Zeitliche Flexibilität	-,60065*	0,15379	0,002	-1,0344	-0,1669

Tabelle 5: Post-Hoc Test nach Scheffé-Prozedur: Mehrfachvergleiche

Die erste Hypothese besagt, dass die örtliche Flexibilität einen positiven Zusammenhang mit der wahrgenommenen Job-Autonomie hat. Die Varianzanalyse der unabhängigen Variablen "örtliche Flexibilität" und der abhängigen Variablen "Job-Autonomie", zeigt einen Mittelwert von 2,7037 und eine Standardabweichung von ,51220. Der Post-Hoc-Test nach Scheffé-Prozedur zeigt zudem keinen statistisch signifikanten Unterschied zwischen den Gruppen „örtliche Flexibilität" und „keine Flexibilität" für die abhängige Variable „Job-Autonomie" (p = ,766). Zudem besteht eine negative Korrelation zwischen der abhängigen Variable „Job-Autonomie" und der unabhängigen Variablen „örtliche Flexibilität" (R = -,059). Somit lassen sich keine signifikanten Effekte ableiten und die Hypothese kann aus diesem Grund nicht bestätigt werden.

Die zweite Hypothese vermutet, dass die zeitliche Arbeitsflexibilisierung positiv mit der wahrgenommenen Job-Autonomie zusammenhängt. Die einfaktorielle A-NOVA ermittelt für die unabhängige Variable "Zeitliche Flexibilität" und die abhängige Variable "Job-Autonomie" ein Mittelwert von 2,7519 und eine Standardabweichung von ,50350. Der Post-Hoc-Test zeigt keinen statistisch signifikanten Unterschied zwischen den Gruppen „zeitliche Flexibilität" und „keine Flexibilität" auf die Job-Autonomie (p = ,296). Zudem korreliert die zeitliche Flexibilität signifikant negativ mit der wahrgenommenen Job-Autonomie (R = -,167; p < ,05). Auf Basis des statistisch nicht signifikanten Ergebnisses lässt sich schließen, dass es keine signifikanten Effekte hinsichtlich der Job-Autonomie gibt. Aus diesem Grund kann auch die zweite Hypothese nicht bestätigt werden.

Die dritte Hypothese nimmt an, dass die Kombination aus örtlicher und zeitlicher Flexibilität einen positiven Zusammenhang mit der wahrgenommenen Job-Autonomie hat. Der Post-Hoc-Test nach Scheffé-Prozedur zeigt einen statistisch signifikanten Unterschied der Mittelwerte zwischen den Gruppen „örtliche und zeitliche Flexibilität" und „keine Flexibilität" auf die Job-Autonomie (p = ,002). Die Korrelation zwischen der abhängigen Variablen „JobAutonomie" und der unabhängigen Variablen „örtliche und zeitliche Flexibilität" ist signifikant positiv (R = ,300; p < ,01). Somit kann die dritte Hypothese bestätigt werden und es ist davon auszugehen, dass ein positiver Zusammenhang zwischen der Kombination aus örtlicher und zeitlicher Flexibilität und der wahrgenommenen Job-Autonomie besteht.

Die vierte und letzte Hypothesen nehmen an, dass die Kombination aus örtlicher und zeitlicher Flexibilität den größten positiven Zusammenhang mit der wahrgenommenen Job-Autonomie hat. Da bereits ein statistisch signifikantes Ergebnis der dritten Hypothese bestätigt werden konnte, kann nun mittels des Post-Hoc-Tests nach Scheffé-Prozedur untersucht werden, zu welchen Gruppen der Unterschied besteht. Der Unterschied in den Mittelwerten der abhängigen Variablen „Job-Autonomie" ist dabei vor allem auf die Gruppe "örtliche und zeitliche Flexibilität" zurückzuführen. Diese unterscheidet sich gemäß Scheffé-Prozedur signifikant auf einem Niveau von ,05 von der "zeitlichen Flexibilität" (p = ,005) und von der Gruppe "keine Flexibilität" (p = ,002). Der Unterschied der Mittelwerte von "örtliche Flexibilität" und "örtliche und zeitliche Flexibilität" hingegen ist nicht signifikant (p = ,343). Dies ist darauf zurückzuführen, dass sich die Gruppengröße der örtlichen

Flexibilität (N = 9) stark von den Gruppengrößen der anderen unterscheidet. Bei der Korrelation zwischen „Örtliche und zeitliche Flexibilität" und „Job-Autonomie" handelt es sich um die größte positive Korrelation (R = ,300; p < ,01) im Vergleich zu den anderen drei Gruppen. Somit kann die vierte Hypothese ebenfalls bestätigt werden.

5 Diskussion

5.1 Diskussion der Analyseergebnisse

Das Ziel dieser Arbeit bestand in einer empirischen Analyse des Zusammenhangs zwischen örtlicher und zeitlicher Arbeitsflexibilisierung und der wahrgenommenen Job-Autonomie. Es wurde angenommen, dass die Nutzung örtlicher Flexibilität sowie zeitlicher Flexibilität und die Kombination von örtlicher und zeitlicher Flexibilität, positive Effekte auf die wahrgenommenen Job-Autonomie haben. Außerdem wurde untersucht, ob die Kombination von örtlicher und zeitlicher Flexibilität den höchsten positiven Zusammenhang mit der wahrgenommenen Job-Autonomie hat.

Die vorliegende Studie liefert wertvolle Erkenntnisse darüber, wie sich zeitliche und örtliche Flexibilität auf die wahrgenommene Job-Autonomie auswirken und bietet somit einen wichtigen Beitrag zur Diskussion über die Nutzung flexibler Arbeitsformen.

In der ONEWAY Statistik der ANOVA (siehe Anhang, S. 63) sind die entsprechenden deskriptiven Statistiken der einzelnen Gruppen für die abhängige Variable "Job-Autonomie" enthalten. Die letzte Zeile gibt Aufschluss über den gesamten Datensatz. Die Gruppengröße ist für die Faktorstufen nicht identisch. Die "örtliche Flexibilität" (N = 9) fällt dabei am geringsten aus, wohingegen die Gruppe "zeitliche Flexibilität" (N = 88) am größten ausfällt. Durch die a posteriori eingeteilten Gruppen sind große Gruppengrößenunterschiede entstanden.

Ausgehend vom Mittelwert ergibt sich ein Durchschnittswert der wahrgenommenen Job-Autonomie für die vier Gruppen von 2,8594. Anhand der Kodierung der Skala für die wahrgenommene Job-Autonomie kann der Wert von eins („stimme überhaupt nicht zu") als das geringste Autonomieempfinden, bis zum Wert von vier („stimme voll und ganz zu") als das höchste Autonomieempfinden interpretiert werden. Daher ist der Durchschnittswert von 2,8594 eine gute wahrgenommene Job-Autonomie der Probanden. Betrachtet man die Gruppe "örtliche und zeitliche Flexibilität", beträgt die durchschnittliche wahrgenommene Job-Autonomie 3,0562 und liegt damit über dem Gesamtdurchschnitt. Diese Werte unterstützen damit die Bestätigung der Hypothese 3 und 4. Eine örtliche und zeitliche Flexibilisierungsmöglichkeit der Arbeit führt zu einer überdurchschnittlich hohen wahrgenommenen Job-Autonomie. Wohingegen in der Gruppe "keine Flexibilität" die wahrgenommene Job-Autonomie mit 2,4556 unter dem Durchschnittswert liegt. Dieses

Ergebnis deckt sich mit der Annahme, dass ein Arbeitsmodell, welches weder eine örtliche noch eine zeitliche Flexibilisierung vorsieht, zu einer unterdurchschnittlich wahrgenommenen Job-Autonomie führt. Diese Unterschiede in den Mittelwerten werden noch einmal im Mittelwerte Diagramm deutlich (siehe Anhang, S. 64).

Anhand der Ergebnisse zur Überprüfung der ersten Hypothese, wurde bestätigt, dass es keinen positiven Zusammenhang zwischen der örtlichen Flexibilität und der wahrgenommenen Job-Autonomie gibt. Die örtliche Flexibilität hat im Schnitt 0,04819 weniger Punkte auf die wahrgenommene Job-Autonomie als die zeitliche Flexibilität und 0,35250 weniger Punkte als die Kombination aus örtlicher und zeitlicher Flexibilität. Im Durchschnitt haben Personen, die örtliche Flexibilitätsmodelle nutzen eine wahrgenommene Job-Autonomie von 2,7037 und liegen somit nur knapp unter dem Gesamtdurchschnitt. Somit weisen in der vorliegenden Studie die Personen, die örtliche Flexibilitätsmodelle nutzen, immer noch eine höhere wahrgenommene JobAutonomie auf, als die Personen, die keine Flexibilität in ihrer Arbeit haben.

Für das nicht signifikante Ergebnis der ersten Hypothese sind verschiedene Gründe denkbar. Dieses heterogene Resultat kann zum einen darauf zurückgeführt werden, dass die Stichprobengröße für die örtliche Flexibilität sehr klein ausgefallen ist. In der Literatur wird empfohlen, dass die Gruppengröße eine Mindestzahl von 20 Probanden aufweisen sollte, wobei 30 Probanden oder mehr empfehlenswerter sind (vgl. Huber/Meyer/Lenzen 2014, S. 64). Es kann daher möglich sein, dass eine größere Stichprobe, zu einem anderen Ergebnis führen würde und Mitarbeiter, die örtlich flexibel sind, ein höheres Job-Autonomieempfinden haben. Im Durchschnitt fühlen sich Mitarbeiter, die zeitlich flexibel oder zeitlich und örtlich flexibel sind, autonomer.

Um konkretere Aussagen über die einzelnen Modelle und Kombinationen im Hinblick auf die Job-Autonomie zu erhalten, wurde eine weitere Korrelationsmatrix erstellt (siehe Ahnhang, S. 65), die eine Darstellung der einzelnen Modelle ermöglicht. Werden die örtlichen Flexibilitätsmodelle im Einzelnen betrachtet, so weisen Personen, die mobiles Arbeiten nutzen, die höchste positiv signifikante Korrelation mit Job-Autonomie auf (R = ,343; p < ,01), gefolgt von der alternierenden Telearbeit (R = ,199; p = ,01). Anhand der Korrelationen kann festgestellt werden, dass mobiles Arbeiten signifikant positiv mit der alternierenden Telearbeit korreliert (R = ,303; p < ,01). Dies kann darauf zurückgeführt werden, dass Personen, die gelegentlich von zu Hause aus arbeiten, dies auch von anderen Standorten aus können. Weiterhin korreliert Desk Sharing signifikant positiv mit dem mobilen Arbeiten (R =

,183; p < ,01). Sollte ein Mitarbeiter seine Arbeit außerhalb des Büros erledigen, kann sein Arbeitsplatz von einem anderen Mitarbeiter genutzt werden. Daraus lässt sich schließen, dass diese beiden Flexibilitätsmodelle kombiniert werden können.

Neben der zu kleinen Stichprobengröße können ebenso andere Gründe für dieses Ergebnis verantwortlich sein. Wie Tammy und Allen (2013) bereits in ihrer Studie herausfanden, hat die örtliche Flexibilität weniger Vorteile gegenüber dem Konflikt zwischen Berufs- und Privatleben, da die Arbeit von zu Hause aus sowohl die psychischen, als auch die physischen Grenzen zwischen Arbeit und Familie vermischt (Allen u. a. 2013, S. 361). Diese verschwommenen Grenzen können zu dem Gefühl beitragen, dass die wahrgenommene Job-Autonomie bei der Nutzung örtlicher Flexibilisierung sinkt und daher die Notwendigkeit einer größeren Selbstkontrolle entsteht. Speziell die Teleheimarbeit oder die alternierende Telearbeit, bei denen das Arbeiten von zu Hause aus unumgänglich ist, verleiten häufiger zum Eingriff in das Privatleben (vgl. Schmidt/Neubach 2007, S. 411). In der Literatur finden sich bei den Auswirkungen von örtlicher Flexibilität und dem Konflikt zwischen Berufs- und Privatleben sowohl negative als auch positive Aspekte. Zum einen kann die Flexibilität zur Verbesserung führen und den Konflikt reduzieren, zum anderen kann dieser Konflikt genauso verstärkt werden, da mehr Zeit und emotionale Energie für die Familie aufgebracht werden muss (vgl. Golden/Veiga/Simsek 2006, S. 1340). Die Möglichkeit an jedem Ort zu arbeiten, gibt den Mitarbeitern häufig das Gefühl, dass sie jederzeit und überall verfügbar sein müssen. Im Homeoffice fällt es Personen schwerer nach der Arbeit entspannen zu können und in ihrer Freizeit nicht über Arbeitsaufgaben nachdenken zu müssen. In Bezug auf das mobile Arbeiten kritisieren Mitarbeiter, dass sie bei jedem Standortwechsel ihren physischen Arbeitsplatz organisieren müssen (Gerdenitsch/Kubicek/Korunka 2015, S. 66).

Aus dem Datensatz ist weiterhin ersichtlich, dass eher Männer dazu neigen örtliche Flexibilitätsmodelle zu nutzen als Frauen. Für Männer bedeutet Arbeitsautonomie häufig Arbeitsintensivierung und Mehrarbeit (vgl. Lott 2014, S. 12). Ergebnisse einer Analyse des WSI Report 47 (2019) zeigen, dass flexible Arbeitsmodelle je nach Geschlecht variieren können. Väter nutzen bspw. Homeoffice oder selbstbestimmte Arbeitszeiten, um deutlich länger zu arbeiten, wohingegen Mütter mit den gleichen Flexibilisierungsmöglichkeiten diese Zeit eher für die Kinderbetreuung nutzen. Diese Erkenntnis deutet zudem auf eine Doppelbelastung von Müttern hin (vgl. Lott 2019, S. 6). Mitarbeiter, die über die Möglichkeit der örtlichen Kontrolle verfügen, können ebenso die Kontrolle über den zeitlichen Aspekt ihrer Arbeit besitzen.

Es kann bspw. vorkommen, dass sich einige Telearbeiter zu festen Zeitplänen anmelden müssen und ihre Arbeit kontinuierlich überwacht wird. Somit hängt die Flexibilität in einigen Fällen von der Planung ab und kann daher ein Faktor für den negativen Einfluss auf die wahrgenommene Job-Autonomie sein (vgl. Allen/Golden/Shockley 2015, S. 51).

Die Ergebnisse zur Überprüfung der zweiten Hypothese zeigen, dass es keinen signifikanten positiven Zusammenhang zwischen der zeitlichen Flexibilität und der wahrgenommenen Job-Autonomie gibt. Im Durchschnitt haben Personen, die zeitlich flexibel sind, eine wahrgenommene Job-Autonomie von 2,7519, welche unter den vier Gruppen die zweit höchste Autonomieempfindung ist. Unter der mittleren Differenz hat die zeitliche Flexibilität nur im Vergleich zur Gruppe der örtlichen und zeitlichen Flexibilität weniger Punkte auf die Job-Autonomie, mit 0,30431. Im Vergleich zu den anderen beiden Gruppen schneidet die zeitliche Flexibilität besser ab. Die Mittelwerte betrachtend, nehmen Personen mit zeitlicher Flexibilität im Vergleich zu Personen mit örtlicher Flexibilität im Mittel 0,04819 mehr Autonomie wahr und im Vergleich zu Personen mit keiner Flexibilität sogar im Mittel 0,29634 mehr Autonomie.

Bereits in der Studie von Thompson, Payne und Taylor (2015) stellt sich heraus, dass Mitarbeiter im Vergleich von örtlicher und zeitlicher Flexibilität, die zeitliche Arbeitsflexibilisierung etwas höher bewerten als die örtliche Flexibilität. Dies deutet darauf hin, dass die zeitliche Flexibilität in Bezug auf Entscheidungsfreiheiten mehr von Mitarbeitern geschätzt wird, als die örtliche Flexibilität (vgl. Thompson/Payne/Taylor 2015, S.740). Diese Vermutung spiegelt sich auch in den Ergebnissen der vorliegenden Studie wider.

Zeitliche Flexibilität kann bei Mitarbeitern und Führungskräften zu einem erhöhten Zeitdruck sowie der Gefahr zur Arbeitsintensivierung und zu Überstunden führen (vgl. Lott 2015, S. 270). Dies kann wiederum zu erhöhtem Stress führen und somit einen negativen Effekt auf die Work-Life Balance haben (vgl. White u. a. 2003, S. 117). Insbesondere bei dem Modell der Vertrauensarbeitszeit verspüren Mitarbeiter den Druck mehr zu arbeiten, da ihre Arbeitszeit nicht erfasst wird und nur das Ergebnis ihrer Leistung zählt (vgl. BAuA 2017, S. 40).

Ein signifikant negativer Effekt ist bei der Korrelation zwischen Vertrauensarbeitszeit und Arbeitszeitkonten zu erkennen (R = -,292; p < ,01). Da bei der Vertrauensarbeitszeit auf die Kontrolle seitens des Arbeitgebers verzichtet wird, bei Arbeitszeitkonten jedoch die genaue Arbeitszeiterfassung notwendig ist, kann davon ausgegangen werden, dass diese beiden Modelle nicht in Kombination genutzt werden können.

Die zeitliche Flexibilität korreliert negativ mit dem Geschlecht (R = -,121). Das heißt, dass die zeitlichen flexiblen Arbeitsformen eher von Frauen verwendet werden als von Männern. Frauen arbeiten vor allem häufiger in Teilzeitarbeit, da dies eins der wichtigsten Instrumente für die Vereinbarkeit von Familie und Beruf ist. Diese ungleiche Verteilung wird in der Forschung als Gender Time Gap bezeichnet, also der Differenz zwischen den durchschnittlichen Arbeitszeiten zwischen Männern und Frauen (vgl. Absenger u. a. 2014, S. 46).

Weiterhin korreliert die zeitliche Flexibilität signifikant positiv mit der Kontrollvariablen Führungsposition (R = ,172; p < ,05). Daraus lässt sich schlussfolgern, dass Personen, die sich in Führungspositionen befinden, eher weniger zeitlich flexibel sind. Dieses Ergebnis stimmt auch mit einer Studie der Hans-Böckler-Stiftung (2017) überein, in der bestätigt wurde, dass bspw.

Teilzeit für viele Führungspersonen nicht ermöglicht wird, da dies nicht der Verfügbarkeitserwartung und dem traditionellen Bild einer Führungskraft entspricht (vgl. Lott 2017, S. 10).

Die einzelnen zeitlichen Arbeitsformen betrachtend, korrelieren Gleitzeit und Job-Autonomie signifikant positiv miteinander (R = ,298; p < ,01). Da Gleitzeit den Mitarbeitern erlaubt, unter der Berücksichtigung einer Kernarbeitszeit, über die tägliche Anfangs- und Endarbeitszeit selbst zu entscheiden, kann dadurch die wahrgenommene Job-Autonomie steigen. Weiterhin korrelieren Vertrauensarbeitszeit und Job-Autonomie auch signifikant positiv miteinander (R = ,357; p < ,01). Das lässt sich dadurch erklären, dass bei der Vertrauensarbeitszeit vollkommen auf die Erfassung und Kontrolle der Arbeitszeit von den Unternehmen verzichtet wird. Die Arbeitszeitflexibilität und die wahrgenommene Job-Autonomie sind somit bei der Vertrauensarbeitszeit noch größer als bei der Gleitzeit. Die einzige negative Korrelation mit der Job-Autonomie haben die Arbeitszeitkonten (R = -,096). Das könnte daran liegen, dass Mitarbeiter durch die elektronische Arbeitszeiterfassung, in einem festgesetzten Zeitraum das Zeitguthaben bzw. die Zeitschuld ausgleichen zu müssen, einen erhöhten Druck und eine höhere Kontrolle seitens des Unternehmens verspüren.

Die Kombinationen zeitlicher Flexibilitätsmodelle betrachtend, korrelieren Gleitzeit und Vertrauensarbeitszeit signifikant positiv miteinander (R = ,310; p < ,01). Da bei der Gleitzeit die Lage und Dauer der Arbeitszeit flexibel vom Mitarbeiter gewählt wird, und bei der Vertrauensarbeitszeit keine Kontrolle seitens des Unternehmens stattfindet, wird es diese Kombination häufiger geben. Auch zwischen der Gleitzeit und den Arbeitszeitkonten besteht eine signifikant positive Korrelation (R = ,231; p = ,01). Daraus lässt sich vermuten, dass Unternehmen, die ihren Mitarbeitern Gleitzeitarbeit anbieten, dennoch einen Überblick über die geleisteten Arbeitsstunden und konkrete Arbeitszeiten erhalten möchten.

Es lässt sich also feststellen, dass zeitliche Flexibilität in Bezug auf das Berufs- und Privatleben einen positiven Effekt hat, da Mitarbeiter flexibler im Umgang mit privaten Terminen oder Verpflichtungen sind. Hinsichtlich des beruflichen Commitments und der reinen Arbeitszeit kann bei zu viel Flexibilität jedoch genau das Gegenteil von Autonomie empfunden werden, da Mitarbeiter einen zusätzlichen Druck durch Verpflichtungen ihrer Arbeitsaufgaben empfinden. Dadurch entstehen oft Überstunden oder Mehrarbeit, da die reine Arbeitszeit nicht erfasst wird, sondern im Ermessen der Mitarbeiter liegt.

Die Ergebnisse zur Überprüfung der dritten Hypothese zeigen, dass es einen signifikanten positiven Zusammenhang zwischen der Kombination aus örtlicher und zeitlicher Flexibilität und der wahrgenommenen Job-Autonomie gibt. Im Durchschnitt haben Personen, die sowohl zeitlich als auch örtlich flexibel sind, eine wahrgenommene Job-Autonomie von 3,0562. Dies unterstützt somit gleichzeitig die vierte Hypothese, dass die Kombination aus beiden Flexibilitätsmöglichkeiten den höchsten positiven Zusammenhang mit der wahrgenommenen Job-Autonomie hat. Die Gruppenvergleiche betrachtend, hat die Kombination aus örtlicher und zeitlicher Flexibilität zu allen drei anderen Gruppen eine höhere Bewertung der wahrgenommenen Job-Autonomie, insbesondere zur Personengruppe mit „keiner Flexibilität" ,60065 mehr Punkte. Bereits in der Studie von Hill, Erickson, Holmes und Ferris (2010) stellte sich heraus, dass die örtliche Flexibilität mit zeitlicher Flexibilität gekoppelt werden sollte, um den eigentlichen Nutzen der Flexibilität zu maximieren (vgl. Hill u. a. 2010, S. 355). Auch die Ergebnisse der Studie von Thompson, Payne und Taylor (2015) werden daher unterstützt, dass die Kombination beider Flexibilitätsmöglichkeiten als die unterstützendste und attraktivste Form von Arbeitsflexibilisierung wahrgenommen wird (vgl. Thompson/Payne/ Taylor 2015, S. 741).

Hinsichtlich der Nutzung ist eine signifikant positive Korrelation zwischen dem Geschlecht und der Kombination aus örtlicher und zeitlicher Flexibilität zu erkennen (R = ,172; p < ,05). Das könnte bedeuten, dass eher Männer dazu neigen, eine hohe Flexibilität zu nutzen. Wie bereits zuvor beschrieben, nutzen Männer jedoch die zusätzliche Flexibilität nicht für familiäre oder private Interessen, sondern vielmehr, um länger zu arbeiten und für die Arbeit erreichbar zu sein. Weiterhin besteht eine signifikant negative Korrelation zwischen der Kontrollvariablen Kind und der örtlichen und zeitlichen Flexibilität ($R = -,155$; $p < ,05$). Demzufolge nutzen Personen, die pflegebedürftige Kinder oder Personen im Haushalt haben eher zeitliche und örtliche Flexibilität, als Personen, die keine Fürsorgeverpflichtungen haben.

Die vorliegende Studie liefert einige Erkenntnisse hinsichtlich der Kombinationsmöglichkeiten der örtlichen und zeitlichen Flexibilitätsmodelle. Die Vertrauensarbeitszeit korreliert am häufigsten positiv mit örtlichen Flexibilitätsmodellen. Die Kombination der alternierenden Telearbeit und der Vertrauensarbeitszeit hat dabei die höchste signifikant positive Korrelation ($R = ,237$; $p < ,01$), gefolgt von der signifikant positiven Korrelation von Teleheimarbeit und Vertrauensarbeitszeit ($R = ,189$; $p < ,01$). Diese Kombinationen treten offenbar unter den Befragten häufig auf und bestätigen somit, dass das Arbeiten außerhalb des Büros ebenso eine hohe Vertrauenskultur aufweist. Des Weiteren gibt es eine signifikant positive Korrelation zwischen der Gleitzeit und der alternierenden Telearbeit ($R = ,235$; $p < ,01$) und zwischen der Gleitzeit und dem mobilen Arbeiten ($R = ,163$; $p < ,05$). Diese Ergebnisse bestätigen, dass Gleitzeit und Telearbeit, die am weitesten verbreiteten Modelle sind (vgl. WorldatWork 2015, S. 9). Weiterhin besteht zwischen Jobsharing und Desk Sharing eine signifikant positive Korrelation ($R = ,228$; $p < ,01$). Dies ist insofern nachzuvollziehen, da Personen, die sich eine Arbeitsstelle teilen, dementsprechend auch den Arbeitsplatz teilen werden. Eine signifikant negative Korrelation besteht zwischen den Modellen der Teleheimarbeit und den Arbeitszeitkonten ($R = -,147$; $p < ,05$). Dies ist insofern zu erklären, dass Mitarbeiter die vollständig von zu Hause aus arbeiten, ihre Arbeitszeit nicht mit Hilfe von Arbeitszeitkonten dokumentieren.

Aus der Übersicht ist weiterhin ersichtlich, dass das Modell der Teilzeit lediglich negative bis schwache Korrelationen zu den örtlichen Flexibilitätsmodellen aufweist. Daraus lässt sich schließen, dass Angestellte im Teilzeitverhältnis ihre Arbeitszeit eher im Büro des Unternehmens verbringen statt außerhalb der Tätigkeitsstätte wie z. B. von zu Hause aus. Interessanterweise haben Personen die Teleheimarbeit nutzen ebenso die Möglichkeit, ein Sabbatical zu nutzen. Dies zeigt die signifikant positive Korrelation der beiden Variablen ($R = ,279$; $p < ,01$).

Die Korrelationen der verschiedenen Flexibilitätsmodelle beweisen, dass es zahlreiche verschiedene Kombinationsmöglichkeiten gibt, wobei einige Kombinationen stärker und damit häufiger auftreten werden, als andere Kombinationen.

5.2 Limitationen und weiterer Forschungsbedarf

Die vorliegende empirische Studie weist neben den herausgestellten Ergebnissen auch einige Grenzen auf. Diese resultieren zum einen aus der eingeschränkten Generalisierbarkeit der Stichprobe, was in den sehr hohen Unterschieden der Gruppengrößen und deren Zusammensetzung zum Ausdruck kommt. Aus diesem Grund lassen sich Verzerrungen innerhalb der Ergebnisse nicht ausschließen. Die Größe des Gesamtsamples von N = 198 ist zwar relativ hoch, dennoch nicht repräsentativ genug, denn bei einer größeren Teilnehmerzahl könnten die Ergebnisse eher validiert werden. Ein weiterer Kritikpunkt besteht in der Rekrutierung der Teilnehmer zur Umfrage. Diese erfolgte hauptsächlich über die sozialen Netzwerke des Verfassers, wodurch das durchschnittliche Profil der Teilnehmer sehr einseitig wurde, da bestimmte Berufsfelder und Personengruppen ausgeschlossen bzw. nicht erreicht werden konnten. Über das Karriere-Netzwerk „Xing" hatte die Rekrutierung zwar den Vorteil, dass vorrangig berufstätige Personen unterschiedlichster Branchen angesprochen wurden, allerdings bestand auch die Möglichkeit, dass vorrangig Personen an der Studie teilgenommen haben, die ein besonderes Interesse an der Forschungsthematik hatten. Dies könnten z. B. Personalverantwortliche oder Berufseinsteiger sein, die sich mit Trends der Arbeitsflexibilisierung befassen. Dieses Ergebnis spiegelt sich auch bei der Frage nach der Unternehmenszugehörigkeit wider, bei dem der Großteil der Befragten (32,3 %) angaben, nicht länger als ein Jahr in ihrem derzeitigen Unternehmen tätig zu sein und das Durchschnittsalter bei 31,24 Jahren lag.

Die Repräsentativität der Stichprobe ist hinsichtlich der ungleichen Verteilung der Geschlechter sowie des Familienstands der Teilnehmer eingeschränkt, da Flexibilität eine geschlechterspezifische Bedeutung hat. Das heißt, dass Frauen und Männer die Flexibilität für unterschiedliche Zwecke nutzen (vgl. Lott 2019, S. 7). Aufgrund der zufälligen Stichprobe sind im Vergleich der Gruppen zwar individuelle Unterschiede gewährleistet, allerdings ist es ebenso wahrscheinlich, dass einige Personen mehr von der Flexibilität am Arbeitsplatz angezogen werden als andere. Beispielsweise können extrovertierte Menschen, die gerne mit anderen Personen am Arbeitsplatz interagieren, weniger zur Arbeitsplatzflexibilisierung tendieren als introvertierte Menschen. In diesem Zuge sollten zudem die demographischen

Daten noch intensiver betrachtet werden, um differenziertere Unterschiede zu generieren.

Eine weitere Limitation resultiert aus den Eigenschaften der gewählten Forschungsmethode. Es handelt sich dabei um eine Querschnittsanalyse, da die Daten eine Momentaufnahme der Befragten darstellen, um den Zusammenhang zwischen den diskutierten Variablen zu prüfen. Damit die Ergebnisse gefestigt werden können, müsste für die aufgeworfene Fragestellung eine Langzeitstudie durchgeführt werden.

Positiv an der Stichprobe war die Anzahl der Teilnehmer, die sowohl örtliche als auch zeitliche Flexibilitätsmodelle nutzen, wodurch gezeigt werden konnte, dass die Thematik in der aktuellen Arbeitswelt von Bedeutung ist.

Als Basis der Studienergebnisse dienen die Angaben zu den Variablen „wahrgenommene Job-Autonomie", „örtliche Flexibilität" und „zeitliche Flexibilität" sowie die demographischen Angaben der Teilnehmer. Somit beruhen die Ergebnisse auf der subjektiven Meinung der Teilnehmer, die voraussetzen, dass den Befragten ein geeigneter Beurteilungsmaßstab vorliegt sowie die Bereitschaft zur Offenbarung von privaten Informationen. Da diese Voraussetzungen nicht offensichtlich sind, kann auch hier eine Verzerrung der Ergebnisse durch Antworttendenzen oder Angst vor fehlender Anonymität möglich sein (vgl. Steiner/Benesch 2018, S. 64 ff.).

Eine weitere Limitation resultiert daraus, dass für die Analyse der örtlichen und zeitlichen Flexibilitätsmodelle auf eine nicht etablierte Skala zurückgegriffen wurde. Zudem stellen die aus der Literatur entnommenen Modelle nur ein Ausschnitt der gängigsten Modelle dar, sodass in weiteren Studien noch weitere Modelle untersucht werden sollten. Dabei sollten modellübergreifende Studien durchgeführt werden, die nicht auf Einzelmodelle wie bspw. Gleitzeit oder Telearbeit, beschränkt sind (vgl. Gärtner/Garten/Huesmann 2016, S. 229). Es kann durchaus sein, dass sich die Modelle im Laufe der Zeit weiterentwickelt haben und es bereits neuere Formen gibt, die bisher noch nicht in der Forschung aufgenommen und untersucht wurden.

Die Studie liefert Ansatzpunkte für weitere Forschungsvorhaben. Da sich die Arbeitswelt stetig im Wandel befindet und der Wunsch nach Flexibilität in Zukunft weiter steigen wird, sollte mithilfe von Längsschnittstudien untersucht werden, ob Unternehmen häufiger die Möglichkeit der Arbeitsflexibilisierung anbieten und für ihre Mitarbeiter zugänglicher machen werden. Vor allem die Transparenz der Angebote von den Unternehmen sollte größer werden, da viele der befragten Personen angaben, dass sie nicht wüssten, ob ihr Unternehmen bestimmte Modelle anbietet oder nicht. In diesem Zuge sollten Einflussfaktoren auf die Nutzung und auf das Angebot von Flexibilitätsmodellen untersucht werden. Denn in der vorliegenden Studie fehlen Informationen über die Vergabe bzw. Verteilung der Flexibilitätsmodelle sowie weitere kausale Einflüsse, die getestet werden könnten. Dabei kann insbesondere die Implementierung von individuellen, differenzierten Arbeitsmodellen in Unternehmen untersucht werden, welche auf längerfristig arbeitsbezogene Effekte abzielt. Dazu zählen Aspekte wie die Karriereentwicklungen oder familiäre Entwicklungen, etwa männlicher bzw. weiblicher Führungskräfte (vgl. Lott 2014, S. 271).

Im Zuge der Operationalisierung der Flexibilität, kann in zukünftigen Studien statt einer dichotomen Abfrage der Flexibilität, die Messung ordinal- oder intervallskaliert erfolgen, um unterschiedliche Effekte, basierend auf unterschiedlichen Graden der Arbeitsflexibilität, zu erzielen. Dabei sollte zwischen den Arbeitnehmer- und Arbeitgeberperspektiven unterschieden werden, um eine gemeinsame Ausrichtung für die Umsetzung der Arbeitsflexibilität im Unternehmen zu erfassen. Da die meisten aktuellen Forschungsarbeiten sich hauptsächlich auf eine Perspektive konzentrieren, ist es von Vorteil die Auswirkungen und unbeabsichtigten Auswirkungen auf jede Interessensgruppe zu berücksichtigen.

5.3 Implikationen für die Praxis

Flexible Arbeitsmodelle sind ein wichtiges und viel diskutiertes Thema in der heutigen Arbeitsgestaltung. Zunächst zeigt die Studie, dass je mehr Flexibilität ein Mitarbeiter in seiner Arbeitsgestaltung hat, desto höher ist die wahrgenommene Job-Autonomie. Daraus resultieren weitere positive Effekte. Die Studie kann Arbeitgeber und Unternehmen dafür sensibilisieren, dass ein großer Bedarf an Flexibilität bei der Arbeit besteht. Es gibt kaum noch Unternehmen, die nicht auf die Bedürfnisse ihrer Mitarbeiter eingehen und ihnen flexible Modelle anbieten bzw. kaum noch Mitarbeiter, die keine Flexibilitätsmodelle nutzen. Somit nimmt auch die Attraktivität der Unternehmen zu. Die Erkenntnis, dass die Kombination von örtlicher und zeitlicher Flexibilität einen starken Einfluss auf die wahrgenommene Job-Autonomie hat, ist insofern für die Praxis nützlich, da Unternehmen ihren Mitarbeitern mehr Flexibilität zur Verfügung stellen sollten und das Angebot transparent für ihre Mitarbeiter darstellen müssen. Selbst Unternehmen der Produktions- oder Dienstleistungsbranche, die keine örtliche Flexibilität bieten können, sollten zumindest nicht auf die zeitliche Arbeitsflexibilisierung verzichten, da diese einen stärkeren Einfluss auf das Autonomieempfinden der Mitarbeiter ausübt (vgl. Schmoll/Süß 2019, S. 54).

Eine wesentliche Rolle übernehmen Führungskräfte, denn sie werden mit Mitarbeitern konfrontiert, die zu verschiedenen Zeiten und an verschiedenen Orten selbstständig arbeiten. Daher sollten sie den Teamzusammenhalt stärken und einen Überblick über die Arbeitsbelastungen haben. In diesem Zusammenhang sollten auch die Kompetenzen der Führungskräfte vorhanden sein oder gezielt geschult werden (vgl. BAuA 2017, S. 49). Da die vorliegende Studie beweist, dass mit höherer Flexibilität auch die Wahrnehmung der Kontrolle steigt, sollten Richtlinien gemeinsam von Führungskräften und Mitarbeitern entwickelt werden. Sie sollten bspw. die Zeiten, für die Erreichbarkeit während nicht standardisierter Arbeitszeiten und die Erwartungen, an die räumliche Erreichbarkeit, festlegen (vgl. Gerdenitsch/Kubicek/Korunka 2015, S. 68).

Unternehmen sollten zudem gruppenspezifische Maßnahmen für Beschäftigte einsetzen, um die soziale Gleichheit in den Betrieben zu fördern. Darunter können Maßnahmen für die Familienzeit fallen oder die Teilzeitarbeit von Müttern und Vätern. Diese fördern und schützen die Work-Life-Balance, die Partnerschaft und das Familienleben der Mitarbeiter (vgl. Lott 2017, S. 24).

Eine gemeinsame Interessenausrichtung und Berücksichtigung der unternehmerischen Perspektive als auch die, der Mitarbeiter, ist von Vorteil. Denn sollten die Beschäftigten an der Arbeitsgestaltung beteiligt sein, wirkt sich dies nachhaltig auf die Zufriedenheit und somit auf die Leistungsbereitschaft und Produktivität aus.

6 Fazit

In der vorliegenden Arbeit wurde untersucht, inwieweit die Arbeitsflexibilisierung einen Einfluss auf die wahrgenommene Job-Autonomie hat. Dabei wurde sich auf die Dimensionen der örtlichen und zeitlichen Flexibilität, sowie deren Kombination, konzentriert. Die Relevanz der Thematik wurde in der sich wandelnden Arbeitswelt, durch die Digitalisierung und dem kulturellen Wandel deutlich, sowie den daraus resultierenden neuen Anforderungen und Erwartungen der Arbeitnehmer.

Es gab bereits einige empirische Untersuchungen, die sich mit den unterschiedlichsten Formen der Flexibilität auseinandersetzten. Dabei wurden vorranging positive Effekte verzeichnet, die sowohl für Arbeitgeber als auch für Arbeitnehmer eine essentielle Bedeutung haben. Dabei wurden insbesondere die Modelle der Arbeitsflexibilisierung untersucht, die von Arbeitnehmern am häufigsten genutzt werden.

Im Rahmen dieser Arbeit wurde eine empirisch quantitative Studie, in Form eines Fragebogens, durchgeführt. Unter Berücksichtigung von bisherigen Forschungsergebnissen wurden vier Untersuchungshypothesen entwickelt. Diese nahmen zum einen an, dass sowohl örtliche als auch zeitliche Flexibilität positiv mit der wahrgenommenen Job-Autonomie zusammenhängen. Zum anderen wurde untersucht, ob die Kombination von örtlicher und zeitlicher Flexibilität einen positiven Zusammenhang mit der wahrgenommenen Job-Autonomie hat und ob dieser Zusammenhang der größte positive ist.

Die Ergebnisse der vorliegenden Studie belegen, dass bereits viele Mitarbeiter Zugang zu flexiblen Arbeitsmodellen haben und diese in unterschiedlichen Ausprägungen nutzen. Zudem liefert die Studie ebenso interessante Erkenntnisse über die verschiedensten Kombinationsmöglichkeiten der Flexibilisierung. Somit werden die Wichtigkeit und die Aktualität der Thematik in der heutigen Arbeitswelt deutlich. Je mehr Flexibilität einem Mitarbeiter zur Verfügung steht, wie bei der Kombination beider Dimensionen, desto autonomer fühlt er sich in seiner Arbeit. Dabei wurde jedoch auch deutlich, dass nicht jede Art von Flexibilität gleichzeitig die wahrgenommene Job-Autonomie erhöht. Personen, die nur eine Möglichkeit der Flexibilität haben, fühlten sich nicht zwangsläufig autonomer, da möglicherweise weitere kausale Zusammenhänge einen Einfluss auf die wahrgenommene Job-Autonomie haben. Ein weiterer Unterschied besteht ebenso in den einzelnen Formen, da nicht jedes Flexibilitätsmodell gleichzeitig völlige Flexibilität oder Autonomie bedeutet, wie bspw. Arbeitszeitkonten. Jedoch wurde im Vergleich auch ersichtlich, dass keine Möglichkeit der Flexibilität in einem noch geringeren Autonomieempfinden resultiert. Somit konnten nur die letzten beiden Hypothesen verifiziert werden.

Aufgrund der bislang lückenhaften Forschung zu diesem Themenfeld, ist die vorliegende Studie die Erste, die Kombinationen von örtlicher und zeitlicher Flexibilität sowie Kombinationen innerhalb der Dimensionen und einzelne Flexibilitätsformen im Zusammenhang mit der wahrgenommenen Job-Autonomie untersucht. Daher liefern die Ergebnisse einen wichtigen Beitrag zum Verständnis, welche Art von Flexibilität die wahrgenommene Job-Autonomie tatsächlich positiv beeinflusst. Mit den vorliegenden Erkenntnissen kann die existierende Forschungslücke teilweise geschlossen werden und kann Unternehmen hinsichtlich der Implementierung und Verbreitung von flexiblen Arbeitsmodellen sensibilisieren.

7 Literaturverzeichnis

Absenger, Nadine/Ahlers, Elke/Bispinck, Reinhard/Kleinknech, Alfred/Klenner, Christina/Lott, Yvonne/Pusch, Toralf/Seifert, Hartmut (2014): WSI Report. Arbeitszeiten in Deutschland. Entwicklungstendenzen und Herausforderungen für eine moderne Arbeitszeitpolitik, Düsseldorf 2014

Allard, Karin/Haas, Linda/Hwang, Philip C. (2007): Exploring the Paradox. Experiences of flexible working arrangements and work-family conflict among managerial fathers in Sweden, in: Community, Work and Family 10 (4/2007), S. 475-493

Allen, Tammy D./Shockley, Kristen (2009): Flexible Work Arrangements: Help or Hype?, in: Crane, D. Russell/Hill, E. Jeffrey (Hrsg.): Handbook of Families and Work. Interdisciplinary Perspectives, Lanham University Press of America 2009, S. 265-284

Allen, Tammy D./Johnson, Ryan C./Kiburz, Kaitlin M./Shockley, Kristen M. (2013): Work-Family Conflict and Flexible Work Arrangements: Deconstructing Flexibility, in: Personnel Psychology 66 (2/2013), S. 345376

Allen, Tammy D./Golden, Timothy D./Shockley, Kristen M. (2015): How Effective is Telecommuting? Assessing the Status of our Scientific Findings, in: Psychological Science in the Public Interest 16 (2/2015), S. 40-68

Altmann, Sarah/Süß, Stefan (2015): The influence of temporary time offs from work on employer attractiveness – An experimental study, in: Management Revue 26 (4/2015), S. 282-305

Arbeitszeitgesetz (ArbZG) vom 6. Juni 1994 (BGBl. I S. 1170-1171), zuletzt geändert durch Artikel 12a des Gesetzes vom 11. November 2016 (BGBl. I S. 2500)

Ashforth, Blake E./Kreiner, Glen E./Fugate, Mel (2000): All in a Day´s Work: Boundaries and Micro Role Transitions, in: The Academy of Management Review 25 (3/2000), S. 472-491

Auer, Benjamin/Rottmann, Horst (2015): Statistik und Ökonometrie für Wirtschaftswissenschaftler. Eine anwendungsorientierte Einführung, 3. Auflage, Wiesbaden 2015

Backhaus, Klaus/Erichson, Bernd/Plinke, Wulff/Weiber, Rolf (2015): Multivariate Analysemethoden: Eine anwendungsorientierte Einführung, 14. Auflage, Berlin Heidelberg 2015

Bailey, Diane E./Kurland, Nancy B. (2002): A review of telework research: findings, new directions, and lessons for the study of modern work, in: Journal of Organizational Behavior 23 (4/2002), S. 383-400

Baltes, Boris B./Briggs, Thomas E./Huff, Joseph W./Wright, Julie A./Neuman, George A. (1999): Flexible and Compressed Workweek Schedules: A meta-analysis of their effects on work-related criteria, in: Journal of Applied Psychology 84 (4/1999), S. 496-513

Barney, Chet E./Elias, Steven M. (2010): Flex-time as a moderator of the job stress-work motivation relationship. A three nation investigation, in: Personnel Review 39 (4/2010), S. 487-502

Berthel, Jürgen/Becker, Fred G. (2017): Personal-Management: Grundzüge für Konzeptionen betrieblicher Personalarbeit, Stuttgart 2017

Blanca, Maria J./Alarcón, Rafael/Arnau, Jaume/Bono, Roser/Benayan, Rebecca (2017): Non-normal data: Is ANOVA still a valid option?, in: Psicothema 29 (4/2014), S. 552-557

Bornewasser, Manfred/Zülich, Gert (2013): Flexibilisierung der Arbeit als Anpassungsstrategie von Betrieben und Arbeitnehmern, in: Bornewasser, Manfred/ Zülich, Gert (Hrsg.): Arbeitszeit. Zeitarbeit. Flexibilisierung der Arbeit als Antwort auf die Globalisierung, Wiesbaden 2013, S. 17-36

Bundesanstalt für Arbeitsschutz und Arbeitsmedizin (BAuA) (2017): Flexible Arbeitszeitmodelle. Überblick und Umsetzung, 1. Auflage, Bönen 2017

Bundesministerium für Arbeit und Soziales (2016): Orts- und zeitflexibles Arbeiten gestalten: Empfehlungen der Plattform "Digitale Arbeitswelt", Rostock: Publikationsversand der Bundesregierung

Bundesministerium für Arbeit und Soziales (2017): Weißbuch Arbeiten 4.0 Arbeit weiter denken. Rostock: Publikationsversand der Bundesregierung.

Byron, Kristin (2005): A meta-analytic review of work-family conflict and its antecedents, in: Journal of Vocational Behavior 67 (2/2005), S. 169-198

Christensen, Kathleen E./Staines, Graham L. (1990): Flextime. A Viable Solution to Work/Family Conflict?, in: Journal of Family Issues 11 (4/1990), S. 455-476

Chua, Roy Yong-Joo/Iyengar, Sheena S. (2006): Empowerment through choice? A critical analysis of the effects of choice in organizations, in: Organizational Behavior 27 (1/2006), S. 41-79

Cohen, Jacob (1988): Statistical Power Analysis for the Behavioral Sciences, Second Edition, New York 1988

de Spiegelaere, Stan/van Gyes, Guy/van Hootegem, Geert (2016): Not all autonomy is the same. Different dimensions of job autonomy and their relation to work engagement & innovative work behavior, in: Human Factors and Ergonomics in Manufacturing & Services Industries 26 (4/2016), S. 515-527

Elsbach, Kimberly D. (2003): Relating Physical Environment to Self-Categorizations: Identity Threat and Affirmation in a Non-Territorial Office Space, in: Administrative Science Quarterly 48 (4/2003), S. 622-654

Eckstein, Peter P. (2019): Statistik für Wirtschaftswissenschaftler: Eine realdatenbasierte Einführung mit SPSS, 6. Auflage, Berlin 2019

Ergenzinger, Rudolf (1993): Arbeitszeitflexibilisierung – Konsequenzen für das Management, Band 71, Zürich 1993

Gajendran, Ravi S./Harrison, David A. (2007): The Good, the Bad, and the Unknown About Telecommuting: Meta-Analysis of Psychological Mediators and Individual Consequences, in: Journal of Applied Psychology 92 (6/2007), S. 1524-1541

Gajendran, Ravi S./Harrison, David A./Delaney-Klinger, Kelly (2015): Are Telecommuters remotely good citizens? Unpacking telecommuting's effects on performance via i-deals and job resources, in: Personnel Psychology 68 (2/2015), S. 353-393

Gärtner, Marc/Garten, Thea/Huesmann, Monika (2016): Flexible Arbeitsmodelle für Führungskräfte. Zum Stand der Forschung, in: Zeitschrift für Arbeitswissenschaft 70 (4/2016), S. 220-230

Gerdenitsch, Cornelia/Kubicek, Bettina/Korunka, Christian (2015): Control in Flexible Working Arrangements. When Freedom Becomes Duty, in: Journal of Personnel Psychology 2015 (14/2015), S. 61-69

Golden, Timothy D. (2006): The role of relationships in understanding telecommuter satisfaction, in: Journal of Organizational Behavior 27 (3/2006), S. 319-340

Golden, Timothy D./Veiga, John F./Simsek (2006): Telecommuting's Differential Impact on Work-Family Conflict: Is there No Place like Home?, in: Journal of Applied Psychology 91 (6/2006), S. 1340-1350

Golden, Timothy D./Veiga, John F./Dino, Richard N. (2008): The Impact of Professional Isolation on Teleworker Job Performance and Turnover Intentions: Does Time Spent Teleworking, Interacting Face-to-Face, or Having Access to Communication-Enhancing Technology Matter?, in: Journal of Applied Psychology 93 (6/2008), S. 14412-1421

Hackman, Richard J./Oldham, Greg R. (1975): Development of the Job Diagnostic Survey, in: Journal of Applied Psychology 60 (2/1975), S. 159-170

Hall, Angela T./Royle, M. Todd/Brymer, Robert A./Perrewé, Pamela L./Ferris, Gerald R./Hochwarter, Wayne A. (2006): Relationships Between Felt Accountability as a Stressor and Strain Reactions: The Neutralizing Role of Autonomy Across Two Studies, in: Journal of Occupational Health Psychology 11 (1/2006), S. 87-99

Hammermann, Andrea/Stettes, Oliver (2016): Unternehmensmonitor Familienfreundlichkeit 2016, https://www.iwkoeln.de/fileadmin/ publikationen/2016/290623/IWGutachten_2016_Familienfreundlichkeit.pdf, 27.12.2018

Hill, E. Jeffrey/Hawkins, Alan J./Ferris, Maria/Weitzman, Michelle (2001): Finding an Extra Day a Week: The Positive Influence of Perceived Job Flexibility on Work and Family Life Balance, in: Family Relations 50 (1/2001), S. 49-58

Hill, E. Jeffrey/Grzywaczb, Joseph G./Allen, Sarah/Blanchard, Victoria L./Matz-Costa, Christina/Shulkin, Sandee/Pitt-Catsouphes, Marcie (2008): Defining and conceptualizing workplace flexibility, in: Community, Work & Family 11 (2/2008), S. 149-163

Hill, E. Jeffrey/Erickson, Jenet Jacob/Holmes, Erin K./Ferris, Maria (2010):
Workplace Flexibility, Work Hours, and Work-Life Conflict: Finding an Extra Day or Two, in: Journal of Family Psychology 24 (3/2010), S. 349-358

Hobfoll, Stevan E. (2002): Social and Psychological Resources and Adaptation, in: Review of General Psychology 6 (4/2002), S. 307-324

Hoff, Andreas/Weidinger, Michael (1999): Erfolgsfaktoren der Vertrauensarbeitszeit, in: Personal 51 (8/1999), S. 380-384

Huber, Frank/Meyer, Frederik/Lenzen, Michael (2014): Grundlagen der Varianzanalyse. Konzeption – Durchführung – Auswertung, Wiesbaden 2014

Ilardi, Barbara C./Leone, Dean/Kasser, Tim/Ryan, Richard M. (1993): Employee and Supervisor Ratings of Motivation: Main Effects and Discrepancies Associated with Job Satisfaction and Adjustment in a Factory Setting, in: Journal of Applied Social Psychology 23 (21/1993), S. 1789-1805

Kattenbach, Ralph/Demerouti, Evangelia/Nachreiner, Friedhelm (2010): Flexible working times: effects on employees' exhaustion, work-nonwork conflict and job performance, in: Career Development International 15 (3/2010), S. 279-295

Kelliher, Clare/Anderson, Deirdre (2008): For better or for worse? An analysis of how flexible working practices influence employees' perceptions of job quality, in: The International Journal of Human Resource Management 19 (3/2008), S. 419-431

Kossek, Ellen Ernst/Thompson, Rebecca J. (2016): Workplace Flexibility: Integrating Employer and Employee Perspectives to close the Research-Practice Implementation Gap, in: Oxford Handbook of Work and Family

Krebs, Dagmar/Menold, Natalja (2014): Gütekriterien quantitativer Sozialforschung, in: Baur, Nina/Blasius, Jörg (Hrsg.): Handbuch Methoden der empirischen Sozialforschung, Wiesbaden 2014, S. 425-438

Kröll, Claudia/Nüesch, Stephan (2017): The effects of flexible work practices on employee attitudes: evidence from a large-scale panel study in Germany, in: The International Journal of Human Resource Management 2017, S. 1-21

Langfred, Claus W. (2000): The paradox of self-management: individual and group autonomy in work groups, in: Journal of Organizational Behavior 21 (5/2000), S. 563-585

Lindner-Lohmann, Doris/Lohmann, Florian/Schirmer, Uwe (2016): Personalmanagement, Heidelberg 2016

Lott, Yvonne (2014): Flexibilität und Autonomie in der Arbeitszeit: Gut für die Work-Life Balance? Analysen zum Zusammenhang von Arbeitszeitarrangements und Work-Life Balance in Europa, WSI Report 18, November 2014

Lott, Yvonne (2015): Working-Time flexibility and autonomy: A European perspective on time adequacy, in: European Journal of Industrial Relations 21 (3/2015), S. 259-274

Lott, Yvonne (2017): Flexible Arbeitszeiten:Eine Gerechtigkeitsfrage? Nr. 1 Forschungsförderung Report, Hans-Böckler-Stiftung (Hrsg.), Düsseldorf 2017

Lott, Yvonne (2019): Weniger Arbeit, mehr Freizeit? Wofür Mütter und Väter flexible Arbeitsarrangements nutzen, WSI Report 47, HansBöckler-Stiftung (Hrsg.), Düsseldorf 2019

McNall, Laurel A./Masuda, Aline D/Nicklin, Jessica M. (2010): FlexibleWork Arrangements, Job Satisfaction, and Turnover Intentions: The Mediating Role of Work-to-Family Enrichment, in: The Journal of Psychology 144, (1/2010), S. 61-81

Mittag, Hans-Joachim (2017): Statistik: Eine Einführung mit interaktiven Elementen, 5. wesentlich überarbeitete Auflage, Berlin 2017

Morganson, Valerie J./Major, Debra A./Oborn, Kurt L./Verive, Jennifer M./Heelan, Michelle P. (2009): Comparing telework locations and traditional work arrangements. Differences in work-life balance support, job satisfaction, and inclusion, in: Journal of Managerial Psychology 25 (6/2010), S. 578-595

Necati, Lale (2005): Vertrauensarbeitszeit, in: Deich, Svenja/Preis, Ulrich (Hrsg.): Innovative Arbeitsformen: Flexibilisierung von Arbeitszeit, Arbeitsentgelt, Arbeitsorganisation, Köln 2005, S. 333-352

Oechsler, Walter A./Paul, Christopher (2019): Personal und Arbeit. Einführung in das Personalmanagement, Berlin/Boston 2019

Onken-Menke, Greta/Nüesch, Stephan/Kröll, Claudia (2018): Are you attracted? Do you remain? Meta-analytic evidence on flexible work practices, in: Business Research 11 (2/2018), S. 239-277

Quinn, Robert P./Staines, Graham L. (1979): The 1977 Quality of Employment Survey. Descriptive Statistics, with Comparison Data from the 1969-70 and the 1972-73 Surveys, Michigan 1979

Raghuram, Sumita/Wiesenfeld, Batia (2004): Work-Nonwork Conflict and Job Stress among Virtual Workers, in: Human Resource Management 43 (2&3/2004), S. 259-277

Rump, Jutta/Wilms, Gaby/Eilers, Silke (2014): Die Lebensphasenorientierte Personalpolitik – Grundlagen und Gestaltungstipps aus der Praxis für die Praxis, in: Rump, Jutta/Eilers, Silke (Hrsg.): Lebensphasenorientierte Personalpolitik – Strategien, Konzepte und Praxisbeispiele zur Fachkräftesicherung, Berlin 2014, S. 3-69

Schlechter, Anton/Thompson, Nicola C./Bussin, Mark (2015): Attractiveness of non-financial rewards for prospective knowledge workers: An experimental investigation, in: Employee Relations 37 (3/2015), S. 274295

Schmidt, Klaus-Helmut/Neubach, Barbara (2007): Self-Control Demands: A Source of Stress at Work, in: International Journal of Stress Management 14 (4/2007), S. 398-416

Schmider, Emanuel/Ziegler, Matthias/Danay, Erik/Beyer, Luzi/Bühner, Markus (2010): Is It Really Robust? Reinvestigating the Robustness of ANOVA against Violations of the Normal Distribution Assumption, in: Methodology 6 (4/2010), S. 147-151

Schmoll, René/Süß, Stefan (2019): Working Anywhere, Anytime: An Experimental Investigation of Workplace Flexibility's Influence on Organizational Attraction, in: mrev management revue 30 (1/2019), S. 40-62

Scholz, Christian/Scholz, Tobias M. (2019): Grundzüge des Personalmanagements, München 2019

Shockley, Kristen M./Allen, Tammy D. (2007): When flexibility helps: Another look at the availability of flexible work arrangements and workfamily conflict, in: Journal of Vocational Behavior 71 (3/2007), S. 479493

Standen, Peter/Daniels, Kevin/Lamond, David (1999): The Home as a Workplace: Work-Family Interaction and Psychological Well-Being in Telework, in: Journal of Occupational Health Psychology 4 (4/1999), S. 368-381

Steiner, Elisabeth/Benesch, Michael (2018): Der Fragebogen. Von der Forschungsidee zur SPSS-Auswertung, 5. Auflage, Wien 2018

Taskin, Laurent/Devos, Valérie (2005): Paradoxes from the Individualization of Human Resource Management: The Case of Telework, in: Journal of Business Ethics 62 (1/2005), S. 13-24

Thompson, Rebecca J./Payne, Stephanie C./Taylor, Aaron B. (2015): Applicant attraction to flexible work arrangements: Separating the influence of flextime and flexplace, in: Journal of Occupational and Organizational Psychology 88 (4/2015), S. 726-749

Teilzeit- und Befristungsgesetz (TzBfG) vom 21. Dezember 2000 (BGBl. I S.1966), zuletzt geändert durch Artikel 1 des Gesetzes vom 11. Dezember 2018 (BGBl I S. 2384)

White, Michael/Hill, Stephen/McGovern, Patrick/Mills, Colin/Smeaton, Deborah (2003): 'High-performance' Management Practices, Working Hours and Work-Life Balance, in: British Journal of Industrial Relations 41 (2/2003), S. 175-195

Winiger, Roland (2011): Praxishandbuch flexible Arbeitszeitmodelle, Zürich 2011

WorldatWork (2015): Trends in Workplace Flexibility. A Report by WorldatWork, Underwritten by FlexJobs, September 2015

Wotschack, Philip/Samtleben, Claire/Allmendinger, Jutta (2017): Gesetzlich garantierte „Sabbaticals" – ein Modell für Deutschland? Argumente, Befunde und Erfahrungen aus anderen europäischen Ländern, WZB Discussion Paper Nr. SP I 2017-501

Xing (2018): Das Unternehmen Xing, https://corporate.xing.com/de/unternehmen/ , 15.04.2019

Zapf, Ines/ Brehmer, Wolfram (2010): Research Report: Flexibilität in der Wirtschaftskrise: Arbeitszeitkonten haben sich bewährt, IAB-Kurzbericht (22/2010)

8 Anhang

Fragebogen (Unipark)

1 Willkommen

Liebe Teilnehmerin, lieber Teilnehmer,

im Rahmen meiner Masterarbeit am Lehrstuhl für Betriebswirtschaftslehre, insb. Organisation und Personal der Heinrich-Heine-Universität Düsseldorf führe ich eine Umfrage über Arbeitsflexibilisierung durch. Gern würde ich Sie daher zu Ihrer Arbeitsgestaltung befragen.

Das Ausfüllen des Fragebogens wird etwa 5-10 Minuten in Anspruch nehmen und ist selbstverständlich anonym und freiwillig. Ihre Antworten werden ausschließlich zu wissenschaftlichen Forschungszwecken verwendet.

Ich würde mich freuen, wenn Sie mich bei meiner Masterarbeit unterstützen und danke Ihnen herzlich für Ihre Teilnahme.

Lara Kube

2 Beschäftigungsverhältnis Ja/Nein

Befinden Sie sich aktuell in einem Beschäftigungsverhältnis?

○ Ja

○ Nein

3.1 Filter

Da Sie sich aktuell in keinem Beschäftigungsverhältnis befinden, können Sie leider an diesem Fragebogen nicht teilnehmen.

Bei Fragen oder Anmerkungen können Sie mir sehr gerne eine E-Mail senden.

CLOSE WINDOW

4 Arbeitszeit

Unternehmen bieten ihren Mitarbeitern zunehmend mehr Flexibilität in Bezug auf ihre <u>Arbeitszeit</u>.
Bitte geben Sie für jedes der folgenden Modelle an, ob in Ihrem Unternehmen das Modell angeboten wird und ob Sie
das Modell persönlich nutzen.

	Bietet mein Unternehmen an	Nutze ich
Gleitzeit: flexible Anfangs- und Endarbeitszeit	Ja / Nein / Weiß nicht	Ja / Nein
Vertrauensarbeitszeit: eigenständige Einteilung der Arbeitszeit	Ja / Nein / Weiß nicht	Ja / Nein
Teilzeit: kürzere Arbeitszeit im Vergleich zu einem Vollzeitarbeitsplatz	Ja / Nein / Weiß nicht	Ja / Nein
Jobsharing: zwei oder mehr Mitarbeiter teilen sich einen Vollzeitarbeitsplatz	Ja / Nein / Weiß nicht	Ja / Nein
Arbeitszeitkonten: Arbeitszeit wird elektronisch erfasst	Ja / Nein / Weiß nicht	Ja / Nein
Sabbatical: Freistellung über einen längeren Zeitraum	Ja / Nein / Weiß nicht	Ja / Nein

Gibt es noch ein Arbeitsmodell zur zeitlichen Flexibilität, welches hier nicht erwähnt wurde, Ihr Unternehmen jedoch anbietet <u>und</u> Sie perönlich nutzen?

5 Arbeitsort

Arbeitnehmern wird zunehmend die Möglichkeit geboten, in Bezug auf den <u>Arbeitsort</u>, an einem anderen Ort als den Büroräumen des Unternehmens zu arbeiten.
Bitte geben Sie für jedes der folgenden Modelle an, ob in Ihrem Unternehmen das Modell angeboten wird und ob Sie das Modell persönlich nutzen.

	Bietet mein Unternehmen an	**Nutze ich**
Teleheimarbeit: Homeoffice, Arbeitsleistung wird ausschließlich von zu Hause aus erbracht	Ja / Nein / Weiß nicht	Ja / Nein
Alternierende Telearbeit: Homeoffice mit regelmäßiger Büropräsenzzeit	Ja / Nein / Weiß nicht	Ja / Nein
Mobiles Arbeiten: die Arbeit findet an einem anderen Ort als dem Büro oder zu Hause statt (z.B. im Außendienst, in Coworking-Spaces, im Café, bei dem Kunden etc.)	Ja / Nein / Weiß nicht	Ja / Nein
Desk Sharing: Arbeitsplätze werden flexibel gewechselt/genutzt	Ja / Nein / Weiß nicht	Ja / Nein

Gibt es noch ein Arbeitsmodell zur örtlichen Flexibilität, welches hier nicht erwähnt wurde, Ihr Unternehmen jedoch anbietet <u>und</u> Sie perönlich nutzen?

6 Job-Autonomie

Bitte lesen Sie folgende Aussagen aufmerksam durch und geben Sie an, inwiefern Sie diesen Aussagen zustimmen.

	Stimme voll und ganz zu	Stimme eher zu	Stimme eher nicht zu	Stimme überhaupt nicht zu
Ich habe die Freiheit zu entscheiden, was ich in meinem Job mache.	○	○	○	○
Ich habe ein großes Mitspracherecht über das, was in meinem Job passiert.	○	○	○	○
Ich entscheide, wann ich Pausen mache.	○	○	○	○
Grundsätzlich liegt es in meiner Verantwortung zu entscheiden, wie meine Arbeit erledigt wird.	○	○	○	○
Ich bestimme das Tempo, in dem ich arbeite.	○	○	○	○
Ich entscheide, mit wem ich in meinem Job zusammenarbeite.	○	○	○	○

7 Kontrollvariablen

Zum Schluss möchte ich Ihnen noch einige Fragen zu Ihrer Person stellen.

Wie alt sind Sie?

[____________________]

Welches Geschlecht haben Sie?

○ Weiblich

○ Männlich

○ Anders

Was ist Ihr höchster Bildungsabschluss?

○ Hauptschulabschluss

○ Realschulabschluss

○ Abitur/Fachabitur

○ Abgeschlossene Berufsausbildung

○ Hochschulabschluss

○ Sonstiges:

Was ist Ihr Familienstand?

○ Ledig

○ Eingetragene Lebenspartnerschaft

○ Verheiratet

○ Verwitwet

○ Geschieden

Lebt/Leben aktuell mindestens ein Kind unter 15 Jahren und/oder pflegebedürftige Personen in Ihrem Haushalt?

○ Ja

○ Nein

Wie ist Ihr derzeitiges Beschäftigungsverhältnis?

○ Vollzeit

○ Teilzeit

Wie hoch ist in etwa Ihre durchschnittliche wöchentliche Arbeitszeit (inkl. Überstunden)?

Angabe in Stunden

Welche Beschreibung des Beschäftigungsverhältnisses trifft am ehesten auf Sie zu?

○ Arbeiter/in

○ Beamte/r

○ Angestellte/r

○ Selbstständige/r

○ Sonstiges:

Welcher Branche gehört das Unternehmen an, für das Sie tätig sind?

Automobilbranche
Baugewerbe
Dienstleistungsbranche
Energiewirtschaft
Erziehung und Unterricht
Finanz- und Versicherungsbranche
Gesundheit- und Sozialwesen
Grundstücks- und Wohnungswesen
Handel
Industrieunternehmen
Information und Kommunikation
Kunst, Unterhaltung, Erholung
Land- und Forstwirtschaft, Fischerei
Lebensmittelindustrie
Medizin/ Pharmabranche
Öffentliche Verwaltung
Produzierendes Unternehmen
Verarbeitendes Gewerbe
Verkehr und Logistik
Wasser, Abwasser und Entsorgung
Sonstiges:

Sonstiges:

Wie lange sind Sie schon in Ihrem derzeitigen Unternehmen tätig?

Aufrunden auf volle Jahre

Haben Sie eine Führungsposition in Ihrem Unternehmen?

○ Ja

○ Nein

8 Anmerkungen

Haben Sie weitere Anmerkungen oder Punkte, die Sie für relevant halten, die im Fragebogen jedoch nicht genannt wurden?

9 Endseite

Vielen herzlichen Dank für Ihre Teilnahme und Unterstützung!

Sollten Sie noch weitere Fragen oder Anmerkungen haben, können Sie mir sehr gern eine E-Mail senden.

Sie können das Fenster nun schließen.

Kodierungstabelle der demografischen Variablen

Merkmal	Ausprägung	Kodierung
Geschlecht	Weiblich	1
	Männlich	2
	Anders	3
Bildungsabschluss	Hauptschulabschluss	1
	Realschulabschluss	2
	Abitur	3
	Abgeschlossene Berufsausbildung	4
	Hochschulabschluss	5
	Sonstige	6
Familienstand	Ledig	1
	Eingetragene Lebenspartnerschaft	2
	Verheiratet	3
	Verwitwet	4
	Geschieden	5
Kind/ pflegebedürftige Person im Haushalt	Ja	1
	Nein	2
Beschäftigungsverhältnis	Vollzeit	1
	Teilzeit	2
Beschreibung Beschäftigungsverhältnis	Arbeiter/in	1
	Beamte/r	2
	Angestellte/r	3
	Selbstständige/r	4
	Sonstiges	6

Branche des Unternehmens	Automobilindustrie	1
	Baugewerbe	2
	Dienstleistungsbranche	3
	Energiewirtschaft	4
	Erziehung und Unterricht	5
	Finanz- u Versichrungsdienstleistung	6
	Gesundheit- und Sozialwesen	7
	Grundstücks- und Wohnungswesen	8
	Handel	9
	Industrieunternehmen	20
	Information und Kommunikation	10
	Kunst, Unterhaltung u. Erholung	11
	Land- u. Forstwirtschaft, Fischerei	12
	Lebensmittelindustrie	13
	Medizin/Pharmabranche	14
	Öffentliche Verwaltung	15
	Produzierendes Unternehmen	23
	Verarbeitendes Gewerbe	16
	Verkehr und Logistik	17
	Wasser, Abwasser, Entsorgung	18
	Sonstige	19
Führungsposition	Ja	1
	Nein	2

SPSS Output (einfaktorielle Varianzanalyse)

ONEWAY deskriptive Statistiken

JobAutonomie

	N	Mittelwert	Std.-Abweichung	Std.-Fehler	95%-Konfidenzintervall für den Mittelwert		Minimum	Maximum
					Untergrenze	Obergrenze		
Örtliche Flexibilität	9	2,7037	,51220	,17073	2,3100	3,0974	2,00	3,67
Zeitliche Flexibilität	88	2,7519	,50350	,05367	2,6452	2,8586	1,33	3,83
Örtlich & Zeitliche Flexibilität	86	3,0562	,60099	,06481	2,9274	3,1851	1,33	4,00
Keine Flexibilität	15	2,4556	,51742	,13360	2,1690	2,7421	1,83	3,83
Gesamt	198	2,8594	,57712	,04101	2,7785	2,9403	1,33	4,00

Test der Homogenität der Varianzen

		Levene-Statistik	df1	df2	Signifikanz
JobAutonomie	Basiert auf dem Mittelwert	1,398	3	194	,245
	Basiert auf dem Median	1,349	3	194	,260
	Basierend auf dem Median und mit angepaßten df	1,349	3	187,885	,260
	Basiert auf dem getrimmten Mittel	1,411	3	194	,241

Einfaktorielle ANOVA

JobAutonomie

	Quadratsumme	df	Mittel der Quadrate	F	Signifikanz
Zwischen den Gruppen	7,012	3	2,337	7,738	,000
Innerhalb der Gruppen	58,603	194	,302		
Gesamt	65,615	197			

Post-Hoc-Tests

Mehrfachvergleiche

Abhängige Variable: JobAutonomie
Scheffé-Prozedur

(I) Gruppen	(J) Gruppen	Mittlere Differenz (I–J)	Std.-Fehler	Signifikanz	95%-Konfidenzintervall Untergrenze	Obergrenze
Örtliche Flexibilität	Zeitliche Flexibilität	-,04819	,19235	,996	-,5906	,4943
	Örtlich & Zeitliche Flexibilität	-,35250	,19255	,343	-,8955	,1905
	Keine Flexibilität	,24815	,23174	,766	-,4054	,9017
Zeitliche Flexibilität	Örtliche Flexibilität	,04819	,19235	,996	-,4943	,5906
	Örtlich & Zeitliche Flexibilität	-,30431[*]	,08334	,005	-,5393	-,0693
	Keine Flexibilität	,29634	,15353	,296	-,1366	,7293
Örtlich & Zeitliche Flexibilität	Örtliche Flexibilität	,35250	,19255	,343	-,1905	,8955
	Zeitliche Flexibilität	,30431[*]	,08334	,005	,0693	,5393
	Keine Flexibilität	,60065[*]	,15379	,002	,1669	1,0344
Keine Flexibilität	Örtliche Flexibilität	-,24815	,23174	,766	-,9017	,4054
	Zeitliche Flexibilität	-,29634	,15353	,296	-,7293	,1366
	Örtlich & Zeitliche Flexibilität	-,60065[*]	,15379	,002	-1,0344	-,1669

[*]. Die Differenz der Mittelwerte ist auf dem Niveau 0.05 signifikant.

Mittelwert-Diagramme

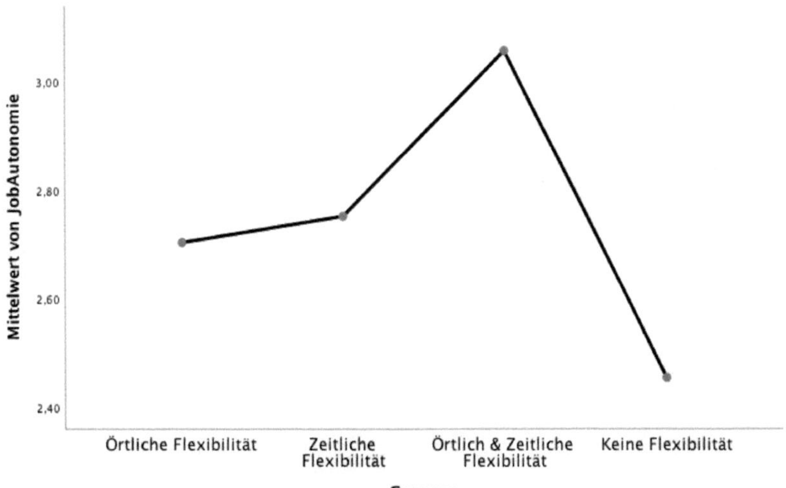

Boxplot Diagramm

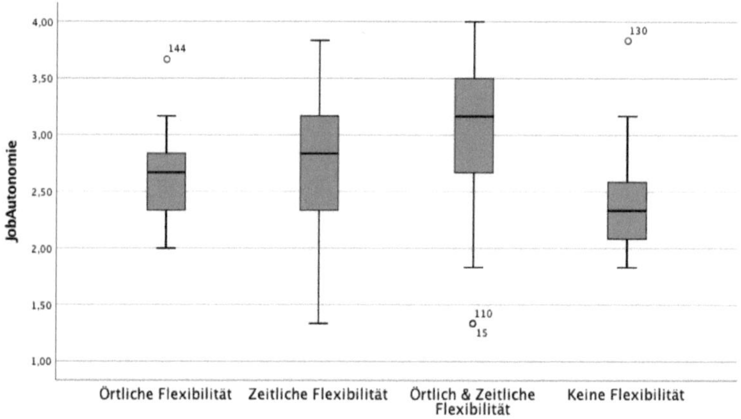

Korrelationsmatrix der Flexibilitätsmodelle

	Gleitzeit	Vertrauens- arbeitszeit	Teilzeit	Jobsharing	Arbeitszeit- konten	Sabbatical	Tele- heimarbeit	Alternierend e Telearbeit	Mobiles Arbeiten	Desk Sharing	Job- Autonomie
Gleitzeit	1										
Vertrauensarbeitszeit	,310[**]	1									
Teilzeit	-0,036	0,079	1								
Jobsharing	0,054	0,115	,167[*]	1							
Arbeitszeitkonten	,231[**]	-,292[**]	0,004	-0,013	1						
Sabbatical	0,105	0,018	0,110	-0,048	-0,013	1					
Teleheimarbeit	0,067	,189[**]	0,088	0,106	-,147[*]	,279[**]	1				
Alternierende Telearbeit	,235[**]	,237[**]	-0,013	0,055	0,039	0,113	0,049	1			
Mobiles Arbeiten	,163[*]	,158[*]	-0,066	0,043	-0,076	,156[*]	,158[*]	,303[**]	1		
Desk Sharing	0,062	0,108	0,107	,228[**]	0,036	,163[*]	0,105	0,081	,183[**]	1	
Job-Autonomie	,298[**]	,357[**]	0,089	0,138	-0,096	0,095	,164[*]	,199[**]	,343[**]	0,105	1

**. Die Korrelation ist auf dem Niveau von 0,01 (2-seitig) signifikant.

*. Die Korrelation ist auf dem Niveau von 0,05 (2-seitig) signifikant.